Klaus Schüttler-Janikulla
Struwwelpeter-ABC für Erwachsene

Klaus Schüttler-Janikulla

Struwwelpeter-ABC für Erwachsene

Haag + Herchen Verlag

CIP-Kurztitelaufnahme der Deutschen Bibliothek

Schüttler-Janikulla, Klaus:
Struwwelpeter-ABC für Erwachsene : nanu, d.
Struwwelpeter kennen Sie nicht? / Klaus
Schüttler-Janikulla. – Frankfurt am Main :
Haag und Herchen, 1987.
ISBN 3-89228-064-9

ISBN 3-89228-064-9

Fichardstraße 30, 6000 Frankfurt am Main 1

Produktion: R. G. Fischer, Verlagsbüro,
Frankfurt am Main
Satz: Christel Ivo-Morawitz, Hochheim 2
Herstellung: Boscolo & Mohr, Karlsruhe
Printed in Germany
Verlagsnummer 1064

Als Dank und zur Erinnerung
an das Eltern-Forum des
Sender Freies Berlin

„Der Struwwelpeter, dieser deutsche Kinderbuchklassiker voller Sadismus und Kastration, wartet noch auf seinen Psychoanalytiker."

(Peter Gay „Erziehung der Sinne", 1986)

Zur ersten Information und als Überblick für den (eiligen) Leser

Das Struwwelpeter A-B-C für Erwachsene versucht die Struwwelpetergeschichten (tiefen-)psychologisch zu erklären, diese in Beziehung zur Biographie Hoffmanns zu setzen, sie mit weiteren Struwwelpeter-Variationen zu vergleichen und mit modernen pädagogischen Erkenntnissen zu verbinden.

Kapitel I: Die Struwwelpeterfigur wird psychologisch interpretiert und ihre Umstellung in den späteren Auflagen von der letzten auf die vorderste Seite des Buches in Verbindung mit Hoffmanns Kindheit, seiner Vaterrolle und seiner gewandelten Auffassung über die Natur des (Menschen-)Kindes gebracht.

Kapitel II: Im Bitterbösen Friederich wird auf die Entstehung von Aggressivität und die psychologischen Hintergründe von Ängsten vor Hunden (Tierphobien) als Äquivalent für Auseinandersetzung mit Autoritätspersonen verwiesen.

Kapitel III: Mit der gar traurigen Geschichte vom Feuerzeug werden Neigungen der Kinder zum Zündeln erklärt und die symbolischen Gehalte solcher Entwicklungsstörungen herausgestellt, wobei auch Probleme der Sexualentwicklung von Mädchen verständlich gemacht werden.

Kapitel IV: Das Beispiel von den schwarzen Buben gibt Anlaß, sich mit der Entstehung von Vorurteilen, Rassismus und Phänomenen der Sozial- und Gruppenpsychologie auseinanderzusetzen.

Kapitel V: Die Erzählung vom Wilden Jäger bietet psychologische Entlastungsmomente für Kinder an und stellt Probleme der Rollenübernahme durch die Identifikation mit Autoritätsfiguren dar.

Kapitel VI: Der Daumenlutscher Konrad demonstriert die Gewissensentwicklung des Kindes und setzt sich mit (Kastrations-)Ängsten und seiner Sexualentwicklung auseinander.

Kapitel VII: In der Geschichte vom Suppenkaspar werden Neigungen zur Fettwüchsigkeit und zur Magersucht, werden Trotzhaltungen des Kindes und seine Auseinandersetzungen mit Erwachsenen sowie Formen von typischen mütterlichen Erziehungseinstellungen erklärt.

Kapitel VIII: Im Zappelphilipp geht es um die Bewegungsbedürfnisse der Kinder, über Eß- und Tischmanieren und um psychologisch-dynamische Prozesse in Familienkonstellationen.

Kapitel IX: Mit dem Hanns Guck-in-die-Luft werden Phänomene des Tagträumens, des Ausweichverhaltens und der Schulangst vorgestellt.

Kapitel X: Der Fliegende Robert zeigt neben den typischen Erziehungsvorstellungen der bürgerlichen Epoche die Tendenz des Kindes auf, sich zu entwickeln, von den Eltern zu trennen und selbständig zu werden.

Im Nachwort wird die Verbreitung des Struwwelpeter-Buches, werden seine Plagiate und anderen Erscheinungsformen von 1845 bis heute dargestellt, die wichtigsten Struwwelpeter-Varianten skizziert, und es wird auf die Bedeutung dieses Bestsellers für die Kinder- und Erwachsenenliteratur sowie für pädagogische und gesellschaftlich-politische Entwicklung verwiesen.

Inhaltsverzeichnis

Statt eines Mottos

An das deutsche Volk.

Da! Hier nimm es! Ich habe dies kleine Büchlein geschrieben in dem bescheidenen Bewußtsein, Dir damit einen u n g e h e u e r n Dienst zu leisten, und zwar einen doppelten; denn erstens können die, so Dir gefallen wollen, daraus lernen, wie sie es zu machen haben. . . .

Zweitens aber magst Du selbst daraus erkennen, ob die, welche Dir dienen wollen, es auch redlich meinen, und ob sie ihr Geschäft gründlich verstehen. Ich, der Verfasser, werde Dir wohl schon bekannt sein. Vor ein Paar Jahren trat ich als ein ungekämmter Junge unter deine kleinen Souveräne. Die Zeit fliegt mit Sturmeseile. Die organische Entwicklung ist ein Mährchen. So grüße ich Dich heute als Dein Lehrer und Meister

Peter Struwwel, genannt Struwwelpeter,
Professor der Wühlerei und Demagog.

Aus: Handbüchlein für Wühler oder kurzgefaßte Anleitung in wenigen Tagen ein Volksmann zu werden. Leipzig, 1848. Verlag von Gustav Mayer.

Statt eines Mottos

Vorwort

„Nanu, den Struwwelpeter kennen Sie nicht?" Na sowas, werden Sie jetzt denken, natürlich kenne ich diesen Burschen! Und das wäre wirklich kein Wunder. Bei über 1000 Auflagen und mindestens 25 Millionen bisher verkauften Exemplaren hat wohl jeder als Kind das Buch besessen oder einmal hineingeschaut und später als Vater oder Mutter mit der Absicht, es dem eigenen Sprößling zu schenken, prüfend in die Hand genommen. Kopfschüttelnd vielleicht mit dem Resultat: „Dies Buch für mein Kind, nein, auf keinen Fall!" oder: „Ja, das besaß ich mal. Daran kann ich mich gut erinnern. Das soll mein Kind auch lesen!"

Jedenfalls ist der Struwwelpeter ungebrochen aktuell. Jahr für Jahr werden noch immer über 100 000 Exemplare verkauft. Das wird sich wohl auch in Zukunft nicht ändern. Tatsächlich ein Kinderbuch, das man als Bestseller bezeichnen kann. Wohl nicht ganz zu unrecht ist einmal gesagt worden, daß der Struwwelpeter die Menschen vielleicht mehr als die Bibel, aber mit Sicherheit nachhaltiger als das „Kapital" von Karl Marx beeindruckt und beeinflußt hat. Allein schon dies wäre ein Grund, sich mit dem Struwwelpeter wieder zu beschäftigen, meinen Sie nicht auch?

Hinzukommt, daß Hoffmann statt der im Kinderbuch sonst üblichen langweiligen Belehrungen als erster versucht hat, unterhaltsame, anregende, spannende Bild-Textfolgen zu gestalten. Heute nennt man das „Comic". Verse in Kombination mit Bildern sollten über das Auge den Verstand der Kinder, das Denken und ihre *Urteilsfähigkeit* anregen. An Bildgeschichten sichtbar zu machen, daß bestimmte Ursachen zu folgerichtigen, leider oft schrecklichen Wirkungen führen und die (Misse-)Tat, die Handlung selbst und nicht mehr der belehrende, mahnende, schimpfende Erwachsene bestraft, das war damals neu in der Kinderliteratur und ist typisches Kennzeichen der Hoffmannschen Geschichten. Diese Tatsache begründet Erfolg und lange Lebensdauer des Struwwelpeter.

Zwar hatte bereits 1762 Jean-Jacques Rousseau in seinem Erziehungsbuch „Emile“ gefordert, „daß man Kinder niemals eine Strafe als solche auflegen darf, sondern daß sie die Strafe immer als natürliche Folge ihrer bösen Handlungen empfinden müssen.“ Doch erst Hoffmann gelang es, diese Forderung im Bereich der Kinderliteratur glaubhaft und gekonnt umzusetzen, Strafe mahnend sichtbar zu machen. Er sagt dazu in seinen Lebenserinnerungen:

„Das Kind lernt einfach nur durch das Auge, und nur das, was es sieht, begreift es. Mit moralischen Vorschriften zumal weiß es gar nichts anzufangen. Die Mahnung: Sei reinlich! Sei vorsichtig mit dem Feuerzeug und laß es liegen! Sei folgsam! – das allein sind leere Worte für das Kind. Aber das Abbild eines Schmutzfinken, des brennenden Kleides, des verunglückten Unvorsichtigen, das Anschauen allein erklärt sich selbst und belehrt. Nicht umsonst sagt das Sprichwort: Gebrannter Finger scheut das Feuer.“

Noch einmal gefragt: „Kennen Sie den Struwwelpeter wirklich?“ Wahrscheinlich ist nur die eine oder andere Szene in Ihrem Gedächtnis bewahrt geblieben. Bei Männern ist es meist „Die Geschichte vom Daumenlutscher“, dem Konrad, bei Frauen „Die gar traurige Geschichte mit dem Feuerzeug“, dem Paulinchen. Aber Sie werden sich an alle erinnern, wenn Sie nun diesem Burschen und den anderen Kindern, hinter denen sich immer der Struwwelpeter verbirgt oder Aspekte seiner Persönlichkeit deutlich werden, in ihren komischen, skurillen und manchmal so dramatischen, angsterregenden Geschichten wiederum begegnen.

Dennoch werden Sie meinen, das sei ein Buch wie andere auch, welches Kinder durch abschreckende Beispiele zu besserem, sozial angepaßtem Verhalten anregen soll. Und gewiß werden die meisten der Überzeugung sein, daß die dort gezeigten Beispiele als Erziehungsvorschläge heutzutage eigentlich in ein pädagogisches Antiquariat gehören. Aber Sie werden erfahren, daß sich hinter diesen Episoden viel mehr verbirgt und sie wesentlich mehr für die Erziehung hergeben, als man auf den ersten Blick wahrzunehmen vermag:

- Sie sind Teile der Biographie des Schöpfers der Struwwelpeterfigur und in dem Zusammenhang der Versuch, durch das Schreiben „lustiger Geschichten" und Zeichnen „drolliger Bilder" die eigene Kindheitsgeschichte seelisch zu bewältigen.
- Sie sind der genial zu nennende Wurf, die Zusammenhänge sichtbar zu machen vom Widerstand des Kindes gegen die Erziehungsversuche der Eltern, die Darstellung seiner allmählichen Kapitulation, seiner zunehmenden Bereitschaft, die Forderung der Erwachsenen als eigenes Gewissen zu verinnerlichen und so seinen moralischen Charakter auszubilden.
- Mit ihrer Interpretation gewinnt man die Möglichkeit, das die Zeit der bürgerlichen Epoche des 19. Jahrhunderts überdauernde, allgemeingültige Wissen um die Dynamik sozialer Beziehungen von Menschen, von Kindern und deren Eltern, mit aktuellen pädagogischen, psychologischen und gesellschaftlichen Erkenntnissen enger zu verbinden und neu zu überdenken.
- Mit den sich daraus ergebenden Einsichten – auch wenn sie aus Deutungen gewonnen werden, die vielleicht schwer nachvollziehbar sind oder nicht hinreichend gesichert erscheinen – kann man den „Erziehungskrieg", der immer noch zwischen den Generationen stattfindet, beenden und zu einer anderen, kindangemesseneren, humaneren Pädagogik beitragen.

Bereiten Sie sich daher auf eine interessante Reise sowohl durch die Geschichten Hoffmanns als auch durch das Bewußte und Unbewußte seiner und Ihrer eigenen Psyche und Biographie vor. Wenn Sie die Chance nutzen, können Sie hierbei vergessenen, verdrängten Seiten Ihrer Persönlichkeit begegnen, gleichsam eine eigene Therapie machen und manches „Aha-Erlebnis" haben. Vielleicht werden Sie danach den Struwwelpeter mit anderen Augen sehen.

Apropos Aha-Erlebnis: Darunter versteht man nach Karl Bühler „ein eigenartiges, im Denkverlauf auftretendes lustbetontes Erlebnis, das sich bei plötzlicher Einsicht in einen undurchsichtigen Zusammenhang einstellt." Nicht unkompliziert, aber keine Angst vor weiterem „Psychologen-Chinesisch"! Gedacht ist dies Buch keineswegs für den Wissenschaftler, sondern für Eltern und Pädagogen, die zwar tagtäglich das Geschäft der Erziehung betreiben, aber genauer wissen möchten, was sie da eigentlich tun und bei Kindern alles bewirken. Daher richten sich Diktion und Inhalt an pädagogischer Praxis aus und vermeiden weitgehend die Fachsprache der Psychologen.

Mitunter werden Sie beim Lesen möglicherweise einen inneren Widerstand spüren. Manche der Interpretationen mögen Sie dann als eigenwillig oder zu gewagt empfinden. Voller Protest werden Sie vielleicht sagen: „Das kann doch der Hoffmann *so* nicht erlebt oder gemeint haben." Oder Sie werden bestätigend mit dem Kopf nicken und denken: „Ja, genau das ist es, was ich als Kind gefühlt habe und jetzt als Erwachsener begreife." Deshalb ist der „Struwwelpeter" ein aktuelles Buch nach wie vor für Kinder *und* Erwachsene, über das immer wieder nachzudenken sich als wichtig und lohnend erweist. Wir meinen sogar, das gilt nicht nur für heute und morgen, sondern auch für unsere Kinder, Enkelkinder und noch eine lange Zeit danach!

Kapitel I

Der Struwwelpeter

Sieh einmal, hier steht er,
pfui, der Struwwelpeter

oder

Morgen schon kommt die Revolution

Kugelsichere Westen
im Unterricht

Die Stadt New York hat für das im September begonnene neue Schuljahr die Rekordsumme von 25 Millionen Dollar bereitgestellt, um die von ihr verwalteten öffentlichen Schulen sicherer zu machen. Es ist die Angst vor Körperverletzung und Verbrechen, die Lehrer wie Schüler bereits auf dem Schulweg begleitet. Einigen Pädagogen wird nachgesagt, daß sie im Unterricht kugelsichere Westen tragen.

In einer Serie über „Verbrechen in den Schulen" berichtete die Zeitung „Daily News" auch von einem Jungen, der vom Fahrrad aus Schüsse auf drei vor einer Schule in Brooklyn stehende Jugendliche abfeuerte und sie verletzte. In Manhatten schlug ein mit seinen Noten unzufriedener 14jähriger Junge seine Lehrerin von hinten mit einem Stuhl zu Boden und würgte sie dann, weil „sie es verdient hat".

In New York wurde für Schul-„Polizisten", Lehrer und andere in Schulen beschäftigte Personen ein „Krisen-Management" genanntes Programm eingeführt. Es soll sie auf alle möglichen Eventualitäten vorbereiten und bietet auch Lehrgänge in Selbstverteidigung an.

(Tagesspiegel, 6. Februar 1983)

Sieh einmal, hier ſteht er,
Pfui! der Struwwelpeter!
An den Händen beiden
Ließ er ſich nicht ſchneiden
Seine Nägel faſt ein Jahr;
Kämmen ließ er nicht ſein Haar.
Pfui! ruft da ein jeder:
Garſt'ger Struwwelpeter!

Wie der Struwwelpeter entstand

Den „Struwwelpeter" verdanken wir dem Arzt Dr. Heinrich Hoffmann, Lehrer der Anatomie am Senckenbergschen Stift und Leiter der Städtischen Irrenanstalt in Frankfurt am Main. Er lebte von 1809 bis 1894. Nachdem er sich 1835 als junger Arzt dort niedergelassen hatte, heiratete er 1840. Ein Jahr später wurde der Sohn Carl-Philipp, im Dezember 1844 die Tochter Lina geboren.

„Um diese Zeit wollte ich", so schildert er es in seinen Lebenserinnerungen, „unserem Sohn Carl die Weihnachtsbescherung vorbereiten und suchte in den Buchläden nach einem passenden Bilderbuch, wie es für einen kleinen Weltbürger sich schicken möchte; aber alles, was ich da zu sehen bekam, sagte mir wenig zu. Endlich kam ich heim und brachte ein Heft mit, welches ich meiner Frau mit den Worten überreichte: ‚Hier habe ich, was wir brauchen.' Verwundert öffnete sie die Blätter und sagte: ‚Das ist ja ein leeres Schreibheft!', worauf sie die Antwort erhielt: ‚Jawohl, aber da will ich dem Jungen schon selbst ein Bilderbuch herstellen.' "

Die Sache ist klar: Hoffmann war durch die Buchläden Frankfurts gepilgert, aber nichts fand seine Zustimmung. Es waren eben keine Bücher für Kinder, sondern ein Sammelsurium von belehrenden Darstellungen, oder wie er zur hundertsten Auflage des Struwwelpeter 1876 schreibt:

„Lange Erzählungen oder alberne Bildersammlungen, moralische Geschichten, die mit ermahnenden Vorschriften begannen und schlossen, wie: ‚Das Kind muß wahrhaft sein'; oder: ‚Brave Kinder müssen sich reinlich halten' etc. – Als ich nun gar endlich ein Foliobuch fand, in welchem eine Bank, ein Stuhl, ein Topf, und vieles andere, was wächst oder gemacht wird, ein wahres Weltrepertorium, abgezeichnet war, und wo bei jedem Bild fein säuberlich zu lesen war: die Hälfte, ein Drittel, oder ein Zehntel der natürlichen Größe – da war es mit meiner Geduld aus. Einem Kind, dem man eine Bank zeichnet und das sich daran erfreuen soll, ist dies eine Bank, eine wirkliche Bank. Und von der wirklichen Lebensgröße der Bank hat und braucht das Kind gar keinen Begriff zu haben. Abstrakt denkt ja das Kind noch gar nicht, und die allgemeine Warnung: ‚Du sollst nicht lügen!' hat wenig ausgerichtet im Vergleich mit der Geschichte: ‚Fritz, Fritz, die Brücke kommt!'"

Jedenfalls genügte ihm das alles für seinen Sohn Carl nicht! Leere Schreibheft-Blätter aber wollen gefüllt werden. Der Vorsatz war gefaßt, und Hoffmann, der zu dieser Zeit als Arzt auch Kinder behandelte, erhielt bei der Untersuchung seiner jüngsten Patienten Gelegenheit, sich zeichnerisch zu betätigen. Es war damals schon wie heute, wenn Krankheit die Kinder plagt. Sie werden unruhig, quengelig, sind ängstlich, verzagt und aufgeregt. Kommt eine Autoritätsperson, wie es der Arzt nun einmal ist, steigert sich dieser Zustand. Denn wie Hoffmann bemerkt:

„In gesunden Tagen wird der Arzt und der Schornsteinfeger gar oft als Erziehungsmittel gebraucht: ‚Kind, wenn du nicht brav bist, kommt der Schornsteinfeger und holt dich!' oder: ‚Kind, wenn du zu viel davon issest, so kommt der Doktor und gibt dir bittere Arzenei, oder setzt dir gar Blutegel an!' Die Folge ist, daß, wenn in schlimmen Zeiten der Doktor gerufen in das Zimmer tritt, der kleine kranke Engel zu heulen, sich zu wehren und um sich zu treten anfängt."

Es ist nicht leicht, sie so zu beruhigen, daß man untersuchen kann. Um dieses zu erreichen, erweist sich Hoffmann als geschickter Pädagoge und kenntnisreicher Psychologe. Er setzt sich zum Kranken ans Bett und nimmt

„rasch das Notizbuch aus der Tasche, ein Blatt wird herausgerissen, ein kleiner Bube mit dem Bleistift schnell hingezeichnet und nun erzählt, wie sich der Schlingel nicht die Haare, nicht die Nägel schneiden läßt; die Haare wachsen, die Nägel werden länger, aber immer läßt er sich dieselben nicht schneiden, und immer länger zeichne ich Haare und Nägel, bis zuletzt von der ganzen Figur nichts mehr zu sehen ist als Haarsträhnen und Nägelklauen. Das frappiert den kleinen Desperaten derart, daß er schweigt, hinschaut und mittlerweile weiß ich, wie es mit dem Pulse steht, wie seine Temperatur sich verhält, ob der Leib oder die Atmung schmerzhaft ist – und der Zweck ist erreicht."

So einfach geht es zu, wenn ein Bestseller das Licht der Welt erblickt! Wie recht hat Hoffmann, wenn er feststellt, daß der Erfolg sich immer da einstellt, wo man ihn am wenigsten erwartet. In seinen kühnsten Träumen hat er sich nicht vorstellen können, Auflagen in Millionenhöhe zu erzielen. Es gibt wohl kaum eine Sprache, in die man den Struwwelpeter noch nicht übersetzt hat, ob es Latein oder Esperanto, Japanisch oder Afrikaans ist, um nur einige ausgefallene zu nennen. Die meisten Kinder dieser Welt besitzen oder lesen ihn, den *Struwwelpeter,* mit einem Gemisch von Schauder und Entsetzen, dem Mitgefühl und der (Schaden-)Freude: Mir kann das nicht passieren, denn so böse wie der Struwwelpeter bin *ich* nicht!

Da hat es auch nichts genutzt, daß man über viele Jahrzehnte versuchte, das Buch zu verbannen: Weil seine Geschichten für Kinder zu grausam erscheinen; weil die dort vorgestellten Erziehungsmodelle zu antiquiert seien, und was man dergleichen an Argumenten von modernen und progressiven Pädagogen gehört haben mag. Was soll's auch, fragen sich unbefangene und unvoreingenommen denkende Eltern, wo doch im Fernsehen die Bilder viel grausamer, hautnaher, viel schrecklicher und Tag für Tag mehr als zehn Stunden von Kindern zu konsumieren sind. Jemand hat einmal ausgerechnet, wieviele Leichen man im Jahr auf der Mattscheibe zu sehen bekommt. Es sollen über 1000 sein. Seit langem haben Medienforscher als alarmierend den enorm hohen Anteil von Gewalt in den Sendungen des Vorabendprogramms bezeichnet, das zu einer Zeit angeboten wird, in der Kinder üblicherweise vor der „Mattscheibe" sitzen. Beispielsweise wurden in einer Sendung (ARD-Serie „Der Fahnder" vom 30.10.1985, Sendezeit 18.06 Uhr) 32 Gewalttätigkeiten gezählt. Allein im Bereich des Norddeutschen Rundfunks sahen diese Sendung 113 850 Kinder, die zwischen sechs und dreizehn Jahren alt waren, wie das Baden-Badener Institut „Media-Control' ermittelt hat. Dagegen sind die Geschichten von Hoffmann tatsächlich „Mährlein mit schöner Bilderzier", wie unter der Inhaltsangabe der ersten Auflage 1845 zu lesen war.

Kinder scheinen jedoch das alles bis zu einem gewissen Grade tatsächlich, ohne Schaden an Leib und Seele zu nehmen, zu verkraften. Hierin liegt vielleicht der Unterschied zwischen den Fernsehbildern und den scheinbar grausamen Geschichten des Struwwelpeter: Die sind wenn auch nicht gerade „lustige Geschichten", wie Hoffmann in seinem Vorspann meint, doch Situationen, in denen Kinder sich mit all ihren guten und schlechten Eigenschaften wiederfinden können. Szenen, die ihre Phantasie anregen und Wünsche nach Identifikation mit den Figuren oder deren strikte Ablehnung wachrufen. Zumindest sind es „drollige" Bilder, Vorläufer der heute so beliebten Comics. Überzeugen Sie sich einmal selbst: Wie da die Bilder ineinander übergehen, durch allerlei Ranken- und Beiwerk, die ihre Funktion für den Inhalt jeder Geschichte haben, sich miteinander verbinden; wie der Text in seiner lakonischen Kürze und treffsicheren Sprache die Kinder an- und erregt; wie die Sprechblasen der Comics vorweggenommen werden.

Aber da gibt es potentielle Käufer, die vor diesem Buch stehen und ihre Zweifel haben. Keinesfalls werden die seinen Inhalt noch als gültige und brauchbare Erziehungsvorschläge betrachten, von Ausnahmen einmal abgesehen. Als Alternative böte sich zwar Friedrich Karl Waechters „Anti-Struwwelpeter" an. Der trimmt den Struwwelpeter auf modern, bürstet ihn sozusagen gegen den Strich, ist ein „antiautoritäres" Kinderbuch, wie es so werbewirksam heißt. Doch hat es längst nicht die Auflagenhöhe des Struwwelpeter erreicht, hat eben die Kinder nicht so anzusprechen vermocht, wie der „richtige" Struwwelpeter. Begeistert, und das für eine nur kurze Zeit, hat der „Anti-Struwwelpeter" bestimmte, sich oft als progressiv bezeichnende Eltern. Kinder haben ihn ohne zusätzliche Erklärungen und Interpretationen durch Erwachsene nie verstanden. Besieht man es recht, ist er eigentlich bald in der Versenkung verschwunden.

Ein Musterschüler ist der Struwwelpeter wirklich nicht

Um auf mögliche Zweifel zurückzukommen: Irgendwo ahnt zwar der Leser, daß alles, was er dort sieht, sich gleichsam auf einer Bühne abspielt. Es mag traurig und mitunter auch komisch enden. „Welch Schauspiel! Aber ach, ein Schauspiel nur!", wie Goethe im „Faust" meint. Als Gewinn bleibt neben der Unterhaltung und dem angenehm-unangenehmen Gefühl eines leichten Schauderns dem Kind höchstens ein Stück Identifikationsmöglichkeit mit der einen oder anderen Figur. Ob dies ihm hilft, mit seinen Lebensumständen besser zurechtzukommen, muß zunächst dahingestellt bleiben.

Ein Musterschüler jedenfalls ist Struwwelpeter auch nicht: „Sieh einmal, hier steht er, pfui, der Struwwelpeter! An den Händen beiden läßt er sich nicht schneiden, seine Nägel fast ein Jahr; kämmen läßt er nicht sein Haar." Ein Vorbild kann der nicht sein, eher ein Ausbund an Ungepflegtheit, Verwahrlosung, an Aufsässigkeit und Ungehorsam. Ein Revoluzzer fast, wie man schon damals feststellte. Eine gewisse äußere Ähnlichkeit mit dem Punker unserer Tage ist wohl unverkennbar. Aber man kann das alles auch positiv sehen: einer, der sich die Butter vom Brot nicht nehmen läßt; der sich wehrt, gegen Ungerechtigkeit aufbegehrt; gegebenenfalls Widerstand leistet gegen alles und alle; der sich dem erzieherischen Einfluß der Erwachsenenwelt und ihren Dressurversuchen so weit und so oft wie möglich zu entziehen versucht. Das steht er breitbeinig und trotzig, gleichsam den Inhalt aller Geschichten vorwegnehmend, auf seinem Podest und am *Anfang* des Buches, das man heutzutage kauft.

Wie aus der letzten die erste Seite eines Buches wird

Aber hatte der Struwwelpeter diese Titelbildfunktion schon in den ersten Auflagen? Lassen wir Hoffmann dazu in seinen Memoiren berichten:

„Als das Buch fertig war bis auf das letzte Blatt, da war auch mein Bilderschatz zu Ende. Was sollte ich nun auf dieses *letzte* Blatt bringen? Ei nun, da setzten wir den Struwwelpeter hin! So geschah es, und deshalb stand dieser Bursche in der ersten Auflage des Buches auf der *letzten* Seite. Aber die Kinderwelt traf das Rechte und forderte das Buch einfach: „Ich will den Struwwelpeter", und der frühere Titel machte dem jetzigen Platz. Also hieß es auch hier: *Die Letzen sollen die Ersten werden.*"

Da wird diese so einprägsame, prägnante, bedeutsame Figur eines Bestsellers in der fünften Auflage von der letzten Seite des Buches auf die erste umgestellt und damit zum Titelhelden! Weil's eben so lief, die Kinderwelt es eben forderte. Ein bißchen einfach, um als Erklärung akzeptiert zu werden, meint hier ein sicher nachdenklich gestimmter Leser. Als Psychologe glaubt man schon gar nicht an solchen Zufall und interpretiert so: Wie sich die Geschichten da abspielen vom bösen Friederich, dem brennenden Paulinchen, dem Daumenlutscher Konrad und dem Suppenkaspar, könnten einige tatsächlich dem Gruselkabinett der „Schwarzen Pädagogik", um einen Begriff von Katharina Rutschky aufzugreifen, entnommen sein. Schlimmer geht's nicht! Wer Kinder derart traktiert, der sollte nicht überrascht sein, wenn als Folge dieser „ungeheuerlichen" Erziehung sich „Ungeheuer" entwickeln. Kinder ohne Bindung, zerstört, vernichtet, aggressive oder kaputte Typen, wie man treffend sagt. Solche Menschen müssen eine Neurose entwickeln und in Selbstzerstörung oder als Feinde einer Gesellschaft, die sie so behandelt hat, enden. Trotz der zunächst vielleicht wohlgemeinten Absicht der Eltern führt diese Erziehung zu einem Resultat, über das man sich nicht zu wundern braucht: „Sieh einmal, hier steht er, pfui, der Struwwelpeter! Pfui, ruft da ein jeder:

Garstger Struwwelpeter!" Und so gehört er tatsächlich und folgerichtig an den Schluß aller Szenen. Eine logische Konsequenz dieser pädagogischen Torturen, deren Resultat Protest und Auflehnung sein müssen.

Irgendwie wird das Hoffmann schon empfunden haben. Keineswegs war er so engstirnig und vom Geist seiner Zeit befangen – schließlich war er „Liberaler" und zeitweise sogar Abgeordneter im Frankfurter Parlament –, um nur in den Kategorien seiner Umwelt und im Sinne bürgerlicher, repressiver Erziehungsvorstellungen des vorigen Jahrhunderts zu denken. Daher war es nach unseren heutigen Vorstellungen richtig, daß er die Struwwelpeterfigur zunächst an das Ende placierte. Weil er es gut mit Kindern meinte, nannte er sich anfangs „Reimerich *Kinderlieb*".

Was hat der Struwwelpeter mit der Kindheit Hoffmanns zu tun?

Aber warum ist Hoffmann bei dieser Anordnung und diesem Pseudonym nicht geblieben? Warum gab er sich erst mit der Umstellung des Struwwelpeter auf die Titelseite als Autor in seiner wahren Identität zu erkennen? Waren es wirklich nur die Wünsche und Forderungen seiner kleinen Leser? Oder bestanden Gründe und Hintergründe, die diesen späteren Positionswechsel der Hauptfigur zwingend machten? Fragen über Fragen!

Um sie zu beantworten, muß man wissen, daß Hoffmann einen Vater hatte, den man heute als streng, wenn nicht sogar als autoritär bezeichnen würde. Dafür gibt es mehrere Hinweise in seinen Lebenserinnerungen. So war der junge Hoffmann zunächst nicht gerade das, was man einen Musterschüler nennt. In der Tertia des Gymnasiums blieb er mehrmals sitzen, war im Unterricht wenig konzentriert, faul und verbummelte seine Tage. Der Vater war empört, beschloß, ein für allemal den Sohn zur Räson zu bringen und gab ihm folgendes schriftlich:

„Da der Heinrich – wie eine leider nunmehr 14tägige Erfahrung zu meiner großen Betrübnis gelehrt hat – in unregelmäßiger Tätigkeit und leichtsinniger Vergeßlichkeit fortlebt, überhaupt nicht imstande ist, seine Betriebsamkeit nach eignem freien Willen auf eine vernünftige und zweckmäßige Weise zu regeln, und im Verfolg dieser Regellosigkeit, die Schande für seine Eltern, der größte Nachteil für ihn selbst zu gegenwärtigen ist, so will ich ihm hiermit nochmals die Pflicht ans Herz legen und ihn auffordern zur Ordnung, zum geregelten Fleiß, zur vernünftigen Einteilung seiner Zeit zurückzukehren, damit er ein nützliches Mitglied der bürgerlichen Gesellschaft werde, und seine Eltern wenigstens zu der Erwartung berechtigt sind, daß er nicht untergehe in der Flut des alltäglichen gemeinen Lebens.

In der Besorgnis, daß auch diese Ermahnung nichts helfen wird, und in dem festen Willen, wenigstens die bevorstehende letzte Ferienwoche nicht in tagdiebischem Schlendrian zugebracht zu sehen, befehle ich folgende Einteilung der Zeit:

1) 20 Minuten Zeit zum Waschen und Anziehen.
2) Bis zum Kaffee: Klavierübung.
3) Von 8 – 10 Uhr: Zeichnen.
4) Von 10 Uhr bis zum Mittagessen: Repetition der lateinischen und griechischen Grammatik.
5) Von 2 – 4 Uhr: Klavierübung.
6) Von 4 – 7 Uhr: Repetition der deutschen, französischen und englischen Grammatik.
7) Von 7 – 9 Uhr: Algebra.

Die Unterrichtsstunden beim Herrn Pfarrer, sodann im Französischen und der Musik sind die einzigen Ausnahmen."

Den Brief bewahrte sich Hoffmann bis zu seinem Lebensende im Schreibtisch auf. Die Problematik dieses Lebensabschnittes hat er später in einem anderen, weniger bekannt gewordenen Kinderbuch, dem „Bastian, der Faulpelz" (1854), aufgearbeitet.

Wirklich drakonische Maßnahmen waren das, und dazu als Arbeitsregelung während der Schulferien! Zwar mag es zunächst nur als eine konsequente Antwort des Vaters auf das Verhalten eines Kindes aussehen, das sich den Anordnungen der Erwachsenen und den Erwartungen der Gesellschaft nicht fügte. Doch kann ein weiteres Beispiel unterstreichen, was hier gemeint ist. Der junge Hoffmann hatte große Schwierigkeiten im Rechenunterricht. Sein Vater, als Architekt ein gediegener Mathematiker, war entsetzt: „Was, *mein* Sohn, der Sohn eines Mathematikers, kann nicht das Dividieren lernen?" Nun begann für den Jungen eine harte Lernzeit:

„Ich mußte mir Fliegels Rechenbuch kaufen. 6 Bogen starke Schreibhefte wurden gefertigt, und ich mußte zwei bis vier Stunden täglich monatelang rechnen, bis ich die Tausende von Exempeln ausgerechnet hatte. Hohe Stöße von Büchern, mit Zahlen beschrieben, lagen vor mir, Schritt für Schritt folgte mir der Vater. Endlich war die Arbeit bezwungen, und ich dachte: jetzt bist du am Ende der Not! Aber nein! Ich wurde fortgeschickt und mußte mir noch das Buch von Meyer über Algebra holen, und in einem Jahr war auch dieser Berg überstiegen. Alle Arten Buchstabenrechnung, die Gleichungen ersten und zweiten Grades waren mir so geläufig, daß ich später in Sekunda und Prima zu den besten Mathematikern gehörte."

So weit, so gut; oder besser, so schlecht. Und weil eben negativ, deshalb mag Hoffmann diesen bösen Buben, wie er den Struwwelpeter oft nennt, und mit dem er sich gewiß teilweise identifizierte, als Beispiel und *Ergebnis* einer solchen Behandlung zunächst an den Schluß all seiner Geschichten gestellt haben. „Seht, das kommt heraus, wenn man Kinder – wie man mich mitunter behandelt hat – erzieht!", wird er gedacht oder in seinem Unterbewußtsein als ein tatsächlicher *Reimerich Kinderlieb* empfunden haben. Vielleicht ist der Struwwelpeter überhaupt erst wegen solcher bedrängenden, psychisch unbewältigten Kindheitserlebnisse geschrieben worden? Dazu später einige Überlegungen, speziell bei der Besprechung der Geschichte vom Konrad, dem Daumenlutscher.

Jedenfalls scheint Hoffmann seine ursprüngliche Neigung zu Kaspereien und Clownerien, die von Psychologen häufig als unbewußte Angst und Angstabwehr gegenüber Autoritätspersonen gedeutet wird, in seinen Reimen und Versen in gleichsam kompensierter Form abreagiert zu haben. Er sagt von sich selbst einmal in seinem „Klinischen Volkslied": „Herr Hoffmann ist zu gar nichts nütz', der macht zu allem schlechte Witz." Und diese Selbsteinschätzung entsprach seinem Verhalten: Er war beliebt und anerkannt bei seinen Freunden und Lebensgefährten eben wegen seiner Fähigkeit, stets einen „flotten Spruch auf der Zunge" zu haben, der einer möglichen Gefahr die Angst, dem Ernst die Spitze nahm.

Zur Gewissensentwicklung des Kindes

Wie entwickelt sich so etwas weiter? Nun allerdings beginnt die Sache – betrachtet man sie psychologisch – sich in den dunklen Kanälen der Psyche und des Unbewußten einer Persönlichkeit zu verlieren. Jedenfalls führt sie auch bei Hoffmann zu einem immer wieder erstaunlichen, aber doch wohl üblichen Ende. Wie oft hört man von Kindern solcher autoritärer Väter, die dann selbst eines Tages erwachsen sind: „Wie gut, daß mein Vater mich streng erzogen hat. Nur deshalb ist ein tüchtiger Mensch aus mir geworden, und dafür bin ich ihm noch heute dankbar!" Hoffmann sagt in seinen Lebenserinnerungen dazu: „Ich wiederhole hier und sonst diese Worte, damit sie Zeugnis geben sollen von dem Ernst und der treuen Liebe des besten Vaters, der immer inmitten von weltlichen Sorgen und schwerer Arbeit eine ideale Weltanschauung sich erhalten hatte. Unvergeßlich ist mir dies alles und mein Dank ist heute nach mehr als 50 Jahren noch ein tiefgefühlter."

Ja, so ist das: Als Kind lehnt man den als autoritär empfundenen Vater ab. Später als Vater, ist man wie der. Die Psychologie spricht hier von einer *Verinnerlichung der Normen,* die von Eltern und anderen Erziehern an das Kind herangetragen werden.

Der Heranwachsende integriert zwar widerstrebend und langsam, aber dafür meist mit Sicherheit diese Gebote in sein psychisches System und bildet so sein *Gewissen,* seinen moralischen Charakter aus. In den Episoden des Struwwelpeter werden Abschnitte dieses Weges mehr oder weniger offen und mitunter nur in codierter Weise beschrieben. Das zunächst noch revoltierende Kinder-Ich wird im Laufe der Entwicklung mehr und mehr verdrängt, sinkt ins Unterbewußte des Erwachsenen-Ich und erfährt im Laufe der Entwicklung im Bewußtsein der Persönlichkeit eine *Verkehrung ins Gegenteil.* Aus dem aufbegehrenden Kind wird der angepaßte, geachtete Bürger; aus dem Saulus ist ein Paulus geworden! Der ist dann bereit, seine wahre Identität als Autor mit seinem richtigen Namen zu offenbaren und von nun an als ein „Hoffmann" zu firmieren. Er hat die erzieherischen Normen seines Vaters endgültig verinnerlicht und übernimmt nun dessen Rolle. Der Spielraum für Modifikationen dieser Rolle erweist sich dabei geringer als man annimmt, wofür Friedrich der Große – der Alte Fritz –, auf den in einem anderen Zusammenhang zurückzukommen sein wird, ein überzeugendes, schon klassisch zu nennendes Beispiel ist.

Ohne daß es Hoffmann bewußt geworden sein mag, verändert sich damit sein Bild vom Menschen und dessen Natur. Vom Ende des Buches rückt logischerweise nun der Struwwelpeter an seinen *Anfang:* „Sieh einmal, da steht er (jetzt als Titelbild und Leitmotiv), der garst'ge Struwwelpeter!" Weil Kinder von Geburt an sind, wie dieser Struwwelpeter hier, laut, wild, ungehorsam und aufsässig, gehören ihnen die Flügel gestutzt, die Nägel und Haare geschnitten. Deshalb müssen sie mit aller Konsequenz und Härte erzogen, müssen die Widerspenstigen gezähmt werden, wie es die Episoden im Struwwelpeter dann zeigen. Nur so werden sie zu tüchtigen und folgsamen Mitgliedern der Gesellschaft. In ihren Rollen als Mütter und Väter werden sie an Hinweisen, Normen, an Geboten und Gewissen ihren Kindern das weitergeben, was gleichsam als Korsett Familien,

Gruppen und Gesellschaft zusammenhält. Der bekannte Psychologe Arnold Gehlen hat einmal von den „Formierungszwängen" in Erziehung und Gesellschaft gesprochen. Wahrhaftig, Sozialisations-*Druck* im wahrsten Sinne des Wortes! Aber vergessen wir nicht: Dies alles wird so offen im Struwwelpeter nicht dargestellt. Das Spiel findet überwiegend mit verdeckten oder gezinkten Karten statt. Die Eltern halten sich weitgehend bedeckt, sind getarnt oder bleiben im Hintergrund. Vielmehr ist es dafür die Sache selbst, die logische Folge einer Handlung, die zum Kinde spricht, es straft und für sein verändertes „besseres" Verhalten sorgen soll. Schließlich muß nicht auch noch im Kinderbuch, das erfreuen und belustigen soll, der drohende Zeigefinger der mahnenden Eltern sichtbar werden!

Ein Blick auf den Podest des Struwwelpeter jedoch zeigt: Kamm und Schere – die Eltern – sind immer dabei! Ungeschoren kommt er also nicht davon. Den werden sie schon zurechtstutzen, feinmachen und „trimmen". Dabei lassen sich Kinder doch gar nicht gern scheren und schon gar nicht über einen Kamm. Das aber ist die Absicht und Aufgabe von Erziehung, ob in Familie, Schule oder sonstwo in der Gesellschaft – jedenfalls bis zu einem gewissen Grad. Kein Wunder, wenn gegen solche Tendenzen opponiert wird. Formierungszwänge als Druck bewirken recht schnell den Gegendruck. Daher wurde der Struwwelpeter bald auch zur Symbolfigur des aufsässigen Kindes und eines potentiellen oder tatsächlichen Aufrührers. Insofern enthält das Buch Hoffmanns nicht nur *individuelle* kindliche Leidensgeschichten, sondern deutet *kollektive* menschliche Leidenschaften und politische Bedürfnisse an. Sicher ist es kein Zufall, daß die Struwwelpeterfigur bald Eingang in die Politik gefunden hat. Franz Dingelstedt wies bereits 1848 darauf hin, daß dies der geborene Revolutionär sei. In den „Fliegenden Blättern", einer satirischen Zeitschrift, veröffentlichte er dazu die Glosse „Der Struwwelpeter als Radikaler. Keine Denunciation, sondern eine Warnung." Seit dieser

Zeit hat man den Struwwelpeter benutzt, um Despoten, Tyrannen, Welteroberer und Weltvernichter, Freiheitssucher, Utopisten und Protestler auf diese Weise darzustellen und in sogenannten Struwwelpetertravestien als politische Waffe und Propaganda zu ge- oder mißbrauchen.

Der Struwwelpeter – ein Buch für Eltern

Deshalb erweist sich der Struwwelpeter bei näherem Hinsehen nicht nur als Buch für Kinder, sondern als ein psychologisches Meisterwerk der Darstellung kindlichen Aufbegehrens, elterlicher Erziehungsmaßnahmen und des sich letzten Endes doch Fügens in eine scheinbar unabdingbare gesellschaftliche Realität. Treffend bemerkt der Psychoanalytiker und anerkannte „Vater" der psychosomatischen Medizin Georg Groddeck dazu: „Oh Hoffmann, Du Weisester aller Weisen, die Menschen glauben, Du hättest ein Bilderbuch für Kinder gemacht, und hast doch das Hohe Lied des Unbewußten für die *Großen* gedichtet und geschrieben."

Wir Eltern und Erzieher sind also gemeint und sollen uns angesprochen fühlen. Machen wir uns daher das Vergnügen, lesen wir den Struwwelpeter sozusagen mit dem und gegen den Strich. Lassen wir uns durch ihn zum Nachdenken und Phantasieren anregen. Gestehen wir uns ein, daß er Teile auch unserer Persönlichkeit, vergessene, vielleicht sogar verdrängte Teile unseres Kinder-Ichs enthält. Wagen wir mit Hoffmann den Blick auf unsere eigene Entwicklung. Tun wir sie nicht in den „Giftschrank der Pädagogik", sondern holen sie aus ihm hervor, wie Walter Sauer es für den Struwwelpeter zu Recht fordert. Vergessen und verdrängen wir unsere Biographie nicht. Dies wird erst zu Gift, wenn wir sie uns und den Kindern vorenthalten, oder sie mit all ihren Interpretationsmöglichkeiten von vornherein ablehnen. Genießen wir den Struwwelpeter und mit ihm unsere

Kindheitsgeschichte mit einem gewissen Schmunzeln, wohl wissend, daß dies alles keine Macht mehr über uns besitzt: Vorausgesetzt – und das ist mit der Zweck des Buches – das Lesen, Erinnern und Nachdenken hat eine kathartische, bewußt machende, sich erinnernde und damit eine heilsame Funktion.

Wie gesagt, einige Deutungen und Spekulationen, die wir den Begebenheiten und Tatbeständen unterlegen, werden manche zögern lassen oder einen Widerstand hervorrufen. Doch eine Geschichte, die sich nicht auf *mehrfache* und mitunter gewagte Weise interpretieren läßt, ist ohnehin keine gute Geschichte! Nicht um falsch oder richtig geht es bei den Deutungen. Wer könnte das schon objektiv und damit endgültig entscheiden? Wir wollen, daß man durch alles, was hier zu lesen ist, an- und gegebenenfalls auch aufgeregt wird. *Unsere Mutmaßungen über den Struwwelpeter sollen zum Kaleidoskop werden, das der Leser (selbst-)ständig verändert und sich damit immer wieder andere Bilder, neue Aspekte und Erklärungsmöglichkeiten schafft.* Wir hoffen, daß man so Erziehung mehr als bisher kritisch sehen, darüber intensiver reflektieren und damit die Gelegenheit erhalten kann, seine Beziehungen zu Mitmenschen und Kindern bewußter zu erleben und zu gestalten.

Kapitel II

Die Geschichte vom bösen Friederich

Was Du nicht willst, daß man es Dir tu,
das füg' dann einem andern zu

oder

Quäle nie ein Nest zum Scherz

Bonner Sprachakrobatik

Ist ein Nest ein Tier? Ja.
Jedenfalls für die Bonner Ministerialjuristen, die sich den Paragraphen eins, Absatz zwei, der Bundeswildschutzverordnung vom 25.10.1985 ausgedacht haben. Darin heißt es nämlich wörtlich: „Der Begriff Tiere im Sinne dieser Verordnung umfaßt lebende und tote Tiere, ihre ohne weiteres erkennbaren Teile, ohne weiteres erkennbar aus ihnen gewonnenen Erzeugnisse sowie ihre Eier, sonstigen Entwicklungsformen und Nester." Hingewiesen auf diese Sprachaktrobatik aus Bonn haben am Montag Sprachkritiker im Deutschen Städtetag in Köln, die vor einiger Zeit schon einmal eine Passage aus dem deutschen Lebensmittelrecht („Osterhase im Sinne dieser Verordnung ist auch der Weihnachtsmann") aufgespießt hatten. Unter Hinweis auf die neue BWildSchV (Bundeswildschutzverordnung) mahnten sie jetzt sehr ernsthaft: „Quäle nie ein Nest zum Scherz, denn es fühlt wie Du den Schmerz."

(„Tagesspiegel", 31.12.1985)

Die Geschichte vom bösen Friederich.

Der Friederich, der Friederich,
Das war ein arger Wüterich!
Er fing die Fliegen in dem Haus
Und riß ihnen die Flügel aus.
Er schlug die Stühl' und Vögel tot,
Die Katzen litten große Not.
Und höre nur, wie bös er war:
Er peitschte seine Gretchen gar!

Am Brunnen stand ein großer Hund,
Trank Wasser dort mit seinem Mund.
Da mit der Peitsch' herzu sich schlich
Der bitterböse Friederich;
Und schlug den Hund, der heulte sehr,
Und trat und schlug ihn immer mehr.
Da biß der Hund ihn in das Bein,
Recht tief bis in das Blut hinein.
Der bitterböse Friederich,
Der schrie und weinte bitterlich. —
Jedoch nach Hause lief der Hund
Und trug die Peitsche in dem Mund.

Ins Bett muß Friedrich nun hinein,
Litt vielen Schmerz an seinem Bein;
Und der Herr Doktor sitzt dabei
Und gibt ihm bitt're Arzenei.

Der Hund an Friedrichs Tischchen saß,
Wo er den großen Kuchen aß;
Aß auch die gute Leberwurst
Und trank den Wein für seinen Durst.
Die Peitsche hat er mitgebracht
Und nimmt sie sorglich sehr in acht.

Folgt die Strafe auf dem Fuß?

Wirklich ein böser Junge, dieser Friederich, ein *bitterböser* sogar – Hoffmann hat Freude am Spiel mit Sprache und beherrscht die Versemacherei perfekt, wie man sieht! Wir alle wissen, daß es tatsächlich solche Kinder gibt. Sie drangsalieren ihre Umwelt, sie zerstören, was ihnen in die Hände fällt. Sie quälen Tiere, sie schlagen ihre Spielgefährten, wenn sie überhaupt noch welche haben. Später schikanieren sie Menschen, begehen Verbrechen. Man läßt sich viel von ihnen gefallen. Wie es scheint, in dieser Zeit mehr denn je und mit immer größerer Rücksicht auf solche Übeltäter. Ehe man sie bestraft, da muß „schon viel Wasser die Elbe" hinabfließen, wie man sagt. Nachsichtig sind wir geworden, über Gebühr mitunter. Zeit für Verurteilungen lassen wir uns reichlich. Daß die Strafe auf dem Fuße folgt, dieser Spruch gehört der Vergangenheit an. Dabei wäre gerade die enge Verbindung von Verfehlung und Bestrafung besonders wichtig, weil bei einer Gerichtsverhandlung, die erst viele Monate nach dem Delikt beginnt, der Missetäter sein Unrechtsbewußtsein – wenn er überhaupt eines besaß – längst verloren hat. Im Gegenteil, oft fühlt er sich noch als Verfolgter, als der zu Unrecht Bestrafte. Aber bekanntlich geht der Krug so lange zu Wasser, bis er bricht. Auch den bitterbösen Friederich erwischt es schließlich. Der Hund beißt zurück! So heftig, daß Friederich ins Bett und dort seine Medizin schlucken muß. Ob es ihm wohl eine Lehre sein wird und hilft?

Spätestens jetzt kann man sich zurücklehnen und denken: „Recht geschieht dem bitterbösen Friederich! Das kann mir nicht passieren, denn so schlimm bin ich nicht. Und wenn schon, nur dann und wann und nur ein kleines bißchen." Dies macht die Beliebtheit des Buches aus: Das lesende Kind muß sich mit den Missetätern nicht identifizieren. Es kann sich immer sagen: „So bin ich nicht. Wenn doch, dann will ich mich bestimmt und auf der Stelle bessern!"

Dieses „kleine bißchen", was ist das überhaupt bei Kindern? Da gibt es beispielsweise Fliegen, denen man hin und wieder die Flügel oder Beine ausreißt. Aber halt, wer hier Böses argwöhnt, latenten oder manifesten Sadismus im Kinde vermutet, den späteren Verbrecher argwöhnt, der irrt! Es gehört zum kindlichen Explorationstrieb, der Entdeckerfreude, zu sehen, was ist wenn. Wenn beispielsweise der Brummer keine Flügel mehr hat, was wird er da machen? Oder wenn man den Regenwurm zerteilt, kann der dann noch weiterkriechen? Jeder wird sich hier seiner „Forscher-Missetaten", und das sicher nicht mit schlechtem Gewissen, erinnern. Das ist normal, abgehakt, erledigt. Kein Grund zur Besorgnis und keiner Bestrafung wert. Eltern werden mit ihren Töchtern und Söhnen darüber sprechen. Sie werden diese Neugier in geordnete Bahnen lenken. Der Spruch „Quäle nie ein Tier zum Scherz, denn es fühlt wie Du den Schmerz" wird dabei als Korrektiv nicht reichen. Hilfreicher ist das Anschaffen eines Haustieres! Man wird sich als Vater und Mutter fragen, was falsch läuft, wenn es zu offensichtlichen Exzessen, zu wirklichen Tierquälereien kommt.

Richtig so. Aber weniger schön, wie es bei Friederich weitergeht. Er ist ungebremst in seiner Gewalt gegen Sachen und Tiere, schlägt „die Stühl' und Vögel tot". Dabei bleibt es nicht. Aus der Gewalt gegen Sachen – und wer Besitz hat, Möbel und anderes sein eigen nennt, akzeptiert schon gar nicht, wie Friederich mit dem Stuhl umgeht – wird Gewalt gegen Menschen. „Er peitschte seine Gretchen gar", wie es schön-schauerlich heißt. Warum eigentlich seine Gretchen? Sind damit mehrere gemeint; und wenn überhaupt, warum Mädchen? Kann man es mit denen machen? In dieser Szene scheint es so, obwohl es schon komisch aussieht, wie da der „Dreikäsehoch" auf die größere Grete einschlägt. Kann damit auf die Mutter geschlossen werden, die sich nicht wehrt, sondern nur verzweifelt ist über die Untaten ihres

Sohnes? Heute jedenfalls würden Frauen kaum noch hilflos dastehen und weinen. Sie haben sich inzwischen so emanzipiert, daß es manchmal den Anschein hat, die Männer erhielten die (Nacken-)Schläge. Für den bitterbösen Friederich wird's erst gefährlich, als er einem Hund begegnet. Der bietet ihm Paroli, der beißt ins Bein und bringt sogar das Werkzeug seines Peinigers, die Peitsche, an sich.

Zur Entwicklung des Tierschutzgedankens

Zum Tierschutz, der in dieser Geschichte von Hoffmann mit angesprochen wird, zunächst einige allgemeine Anmerkungen: Die wissenschaftliche Tierbeobachtung hatte zum Beginn des 19. Jahrhunderts erhebliche Fortschritte gemacht. 1828 war in London der erste Zoo eingerichtet worden. 1838 konnte der bekannte Zoologe Lichtenstein den preußischen König bewegen, in Berlin Teile des „Tiergartens" und die Pfaueninsel für solche Zwecke zur Verfügung zu stellen. 1840 gab es eine erste Verordnung gegen Tierquälerei durch Fürst Schwarzenburg-Sondershausen, „weil eine grausame Behandlung der Thiere sowohl den Menschen entwürdigt, als auch seine Eigentumsrechte überschreitet, und daher nicht geduldet, sondern verboten und bestraft zu werden verdient." Die Tierschutzbewegung hatte damit das Licht der Welt erblickt. Dies blieb nicht ohne Auswirkungen auf erzieherische Empfehlungen und pädagogische Traktate, von denen eines dazu ausführte:

„Euch, ihr Schullehrer, Erzieher und Väter . . . und endlich ihr Mütter, Ihr Haupterzieher des menschlichen Geschlechts! Euch beschwöre ich auf das feierlichste um Alles, was Euch lieb ist! Verhütet auf das sorgfältigste, daß Eure Zärtlinge ihren Unmuth nie an irgend einem Thiere auslassen; gebt ihnen lieber keine Stöcke, keine Peitschen, und was es sonst noch für Instrumente der Qual gibt, in die Hände, noch viel weniger lehrt sie, Thieren damit wehe zu thun, und über ihr Geschrei und Winseln und jeden anderen Ausdruck ihrer Schmerzen zu lachen, sondern bedenkt, daß das Kind, das jetzt ohnmächtige Streiche austheilt, künftig mörderische Streiche versetzen wird, die auch ihre Nebenmenschen, Euch selbst treffen werden."

1845 hatte Charles Darwin die „Reise eines Naturforschers in die Welt" veröffentlicht. Seine Ansichten über die Bildung der Arten und ihre Umwandlungen machten erheblichen Eindruck. Das Wissen, nicht als „ein Gott auf Erden zu wandeln, sondern ein (menschliches) Geschöpf unter anderen (tierischen) Geschöpfen zu sein", wie es Houston Stewart Chamberlain in den „Grundlagen des 19. Jahrhunderts" formulierte, die Einsicht, mit den Tieren verwandt zu sein oder zumindest auf gleiche Vorfahren zurückblicken zu können, schärfte das Verantwortungsgefühl des Menschen für die ihn umgebende Natur. Bereits 1859 gab es das (sicher bedenkliche) Kinderbuch von Conrad Fäsi-Geßner, „Aktuar des zürcherischen Thierschutz-Vereins", „Bilder von Tierquälereien", wo in acht Erzählungen Tierquälereien und ihre Verwerflichkeit vorgestellt wurden.

Hinzu kommt die Industrialisierung im 19. Jahrhundert, die bewirkt, daß die Bevölkerung sensibler für die Bereiche wird, welche man durch zunehmende Technisierung und Veränderung der Umwelt immer mehr in den Hintergrund drängt und der natürlichen Lebensgrundlagen beraubt. Das bisher Selbstverständliche scheint nun einer erhöhten Aufmerksamkeit, eines besonderen Schutzes zu bedürfen. Ähnliche Vorgänge sind heutzutage wiederum zu beobachten. Im Zeitalter der Atomtechnik, der Weltraumforschung, der Umweltschäden, des Baumsterbens und der Überdüngung von Flur und Feld mit bisweilen tödlich wirkenden Chemikalien besinnt sich der Mensch als „Alpha-Tier" verstärkt auf seine Verwandten der niederen Gattungen, auf Tier- und Pflanzenwelt. Er erlebt bewußter als bisher, daß Umwelt durch ihn negativ verändert und Leben bedroht, sogar vernichtet wird. Aktionen wie „Stoppt das Waldsterben" oder „Verhindert Tierversuche" illustrieren das. Diese Hinwendung zu Tier und Umwelt mag durch Schuldgefühle ausgelöst worden sein. Vielleicht entspricht sie auch nur dem Alibi-Prinzip, das Gewissen einerseits durch einige gute Taten zu beruhigen, andererseits um so Bedenklicheres tun zu können. Bestenfalls ist sie tatsächlich auf zunehmendes Verantwortungsbewußtsein und Realitätsdenken des Menschen rückführbar.

Was Friederich mit dem Struwwelpeter gemeinsam hat

Der Tierschutzgedanke ist jedoch nur *eine* Überlegung, wenn man die Missetaten Friederichs betrachtet. Nimmt man den Buben unter die Lupe, dann entdeckt man an ihm zahlreiche weitere Ähnlichkeiten mit dem Struwwelpeter. Wie dieser steht Friederich breitbeinig da, mit furchterregender Miene, den zerbrochenen Stuhl gleichsam als Waffe schwingend, Protest im Sinn und voller Triumph in der Haltung. Seine aktuellen Variante wären heutzutage Punker, Protestler und Politrocker. Ihr gemeinsames Kennzeichen: zunächst Unbehagen an einer als persönlich oder gesellschaftlich unzureichend erlebten Situation; darauf Protest; dann vielleicht Gewalt gegen Sachen; schließlich als Eskalation Gewalt gegen Personen. Zur Räson gebracht werden früher oder später jedoch die meisten. Der Friederich wird ins Bett gesteckt. Die Unzufriedenen, die Aufmüpfigen, die Protestler, sie werden gemaßregelt, und Mörder gar, soweit man ihrer habhaft werden kann, kommen hinter Gitter.

Aber deckt das die Hintergründe ihres Verhaltens, ihre Neigung zur Gewalttätigkeit auf? Ist damit die Sache geklärt, „klar"? Man muß den Friederich schon genauer betrachten, um seine Beweggründe zu erschließen. Ein Vergleich mit dem Struwwelpeter hilft hier weiter: Während bei dem die Fingernägel superlang sind, und er damit die Möglichkeit hat zu kratzen, zu verletzten und sich zu wehren, sind beim Friederich die Finger wie abgeschnitten, verstümmelt, verkürzt. Die abgeschlagenen Stuhlbeine unterstreichen diesen Eindruck: ein Kind, dessen Entwicklung „beschnitten" worden ist, ein Gehemmter, ein Gestörter. Jemand, der sich rächt für Dinge, die man ihm angetan hat. Ein Tatbestand, den Hoffmann, ohne sich über die dem Handeln Friederichs zugrunde liegenden Motive wohl im klaren gewesen zu sein, dennoch graphisch überzeugend dargestellt hat.

In einer modernen Version des Struwwelpeter, einer sogenannten „Struwwelpeteriade", dem 1972 herausgekommenen „Peter Struwwel" von Petrina Stein, wird der Sachverhalt direkter angesprochen und durchsichtiger. Da heißt es in der Geschichte vom wütenden Erich, die der vom bösen Friederich entspricht:

„Der Erich wurde in Babytagen
nur rumgeknufft, geschimpft, geschlagen.
Kaum ist er größer, rächt er sich
und wütet ringsum fürchterlich,
quält, was er findet. Grün und blau
haut er sogar die Nachbarsfrau . . .

Dem Erich war noch keiner gut.
(Daher stammt, wie gesagt, die Wut.)
Ja, hätt' den Hund er angelacht,
er hätt' sich den zum Freund gemacht.
Doch liebenswürdig benimmt sich nur,
wer selbst einmal etwas Liebes erfuhr."

Ob Erich oder Friederich, Beate oder Annegret, das von Psychologen als „Stellvertreter-Prinzip" bezeichnete Geschehen ist klar: Man wird geschurigelt und geschunden von denen, die dreister, die größer, die stärker, die mächtiger sind. Eltern spielen da eine wichtige „Rolle". Jedoch läßt niemand das auf sich sitzen, wenn er sich ungerecht und zu hart behandelt glaubt. Man pflegt so etwas an Schwächere weiterzugeben. Von Eltern bekommt man Ohrfeigen, die gibt man weiter an den kleineren Bruder, dieser wiederum schleudert seinen Teddy voller Zorn in die Ecke (und der muß sehen, wie er damit fertig wird!). Die

Hackordnung des Hühnerhofs, hier wird sie uns noch einmal vor Augen geführt. Friederich schlägt zurück, transportiert vermeintlich oder tatsächlich erlittenes Unrecht zum nächsten weiter. Sogar das wehrlose Gretchen muß ausbaden, was andere dem Friederich angetan.

Wie krankhafte Angst vor Tieren entsteht und was sie bedeutet

Tiere, Mädchen, Frauen, Mütter allenfalls, die kann man noch attackieren, aber dann hört der Spaß auf. Der Hund beißt zurück. Aber warum wehrt gerade der sich? Instinkt, angeborenes Verhalten, Zufall, logische Folge? Oder ist dem vielleicht der Hinweis zu entnehmen, wer Friederich ein Leid zufügt und mit wem der Junge massive Probleme hat, von welchem Elternteil er sich so malträtiert fühlt, daß er glaubt, sich an allen und allem rächen zu müssen? Hoffmann hat hier einen verschlüsselten Hinweis auf den möglichen Verursacher dieser Leidensgeschichte gegeben, und das in einer Codierung, deren tiefenpsychologische Bedeutung erst von Sigmund Freud erkannt, dechiffriert und damit verständlich gemacht worden ist.

Die Neigung des Menschen zu Anthropomorphisierungen, Tiere mit menschlichen Eigenschaften zu versehen, ist bekannt. Andererseits wissen wir auch, daß man Personen häufig mit Tieren vergleicht. Da ist jemand listig wie ein Fuchs, ein Vorgesetzter ein scharfer Hund, eine Frau wie eine Schlange und irgendein Mann benimmt sich wie ein Schwein. Auch soll ein Politiker jüngst bei einem wichtigen Sachverhalt sich „wie von einem Pferd getreten" gefühlt haben. „Preußischer Adler, russischer Bär, britischer Löwe, gallischer Hahn, Tiger Clemenceau, Fuchs Adenauer, Falken und Tauben und manchmal auch Ratten und Schmeißfliegen – die politische Sprache bedient sich seit eh und je aus der Tierwelt, heraldisch und symbolisch, schmeichelhaft und polemisch. Noch mehr gilt das, von alters her, für die Bildersprache der politischen Karikatur. Napoleon wurde als Bluthund gezeichnet, Bismarck als stolzer Pfau, Napoleon III. als 20 Jahre für den König von Preußen gemästetes Schwein."

Tiere sind also, was zwischenmenschliche Beziehungen anbelangt, häufig im Spiel. Sie müssen für vielerlei herhalten und befinden sich oft in einer Stellvertreterfunktion. Auch hat krankhafte Angst vor Tieren – erinnert sei an Freuds klassischen Fall, die Angst des kleinen Hans vor Pferden – einen tieferen Sinn. Gleiches gilt für die Angst vor Hunden, von Psychologen „Hundephobie" genannt.

Mitunter liegt das eigentliche Problem für den Verängstigten an seiner unglücklichen Beziehung zu Autoritätspersonen, an Vätern, die von ihren Kindern aus unterschiedlichsten Gründen gefürchtet und gehaßt werden. Aber ein Kind gerät mit solchen Gefühlen von Ablehnung und Haß in eine arge Zwickmühle: Zwar lehnt es einerseits den als „böse" oder sogar als gewalttätig erlebten Vater ab, andererseits liebt es ihn gleichzeitig wie zuvor. Schließlich ist es der Vater, von dem man Bestätigung und Zuwendung erhofft, denn mit ihm will man sich identifizieren und von seinem Vorbild für die Entwicklung der eigenen Persönlichkeit profitieren. Wie aber soll man solch einem psychischen Dilemma entkommen, wie die Ambivalenz solcher Gefühle überwinden, ohne dabei schizophren zu werden? Zunächst hat man eine gewaltige Wut auf den bedrohlichen Vater. Am liebsten würde man ihm Gleiches mit Gleichem vergelten. Gleichzeitig aber steigert sich das Gefühl der Angst bei dem Gedanken, wie er reagieren, wie noch viel mehr böse er würde, wenn man ihm das heimzahlte, was er einem antut. Seine Rache wäre, so die Phantasie des Kindes, nicht auszudenken, schrecklich, wenn nicht sogar lebensbedrohend. Mit solchen Gefühlen kann niemand leben, schon gar nicht ein von seinen Eltern psychisch und physisch abhängiges Kind. Also gibt das Gefühl, Vergeltung am Vater üben zu müssen, nach –

und wird verdrängt. Dort im Unbewußten rumort es jedoch weiter und wird auf ein Ersatzobjekt, in diesem Fall auf den Hund, verschoben. Einerseits kann man sich an ihm abreagieren – man schlägt den Sack und meint den Esel – andererseits wehrt sich ein Hund durch kräftigen Biß. Solche Erfahrungen steigern zusätzlich die Ängste vor diesem Tier. Damit ist dann die Hundephobie perfekt!

Friederich hat also einen massiven Konflikt mit seinem Vater, und der macht ihn böse gegen jedermann. An dieser Stelle erinnern wir uns der Probleme, die Heinrich Hoffmann als Kind hatte, und es wird klar, daß diese Geschichte nicht zufällig entstanden ist, sondern autobiographische Züge trägt, eine Deckerinnerung ist, hinter der sich Auseinandersetzungen mit dem Vater verbergen.

Zur Strafe muß der Friederich nun ins Bett hinein

Zurück zum Schicksal des bitterbösen Friederich: Ungezogene Kinder steckt man zur Strafe ins Bett. So geschieht's ihm nun auch. Damit wird er wieder zum Kleinkind, aktionslos, ohne die Möglichkeit sich wehren zu können. Nicht von ungefähr heißt es, man sei „ans Bett *gefesselt*". Das Macht- und Statussymbol des Mannes, des Erwachsenen, nach dem Friederich scheinbar grundlos, unüberlegt und voreilig gegriffen hat, sein Drang nach Bewegungsfreiheit, sein übersteigertes Geltungs- und Machtbedürfnis, seine Peitsche, das alles ist jetzt passé. Seit Freud weiß man, daß Dinge einen symbolischen Wert aufweisen und aus dieser Perspektive gesehen die Peitsche nicht nur ein Werkzeug, sondern zugleich Status- und Machtsymbol des Kutschers oder eines Löwenbändigers (!) sowie Zeichen des Phallus und damit männlicher Kraft und Potenz ist. Sogar noch mehr kann gefolgert werden: Der Biß ins Bein läßt die Andeutung einer Kastration vermuten. Man wird an die uralte

Geschichte von Ödipus und deren Deutung durch Freud erinnert. Die unbewußte Angst des Jungen, sein Glied durch die Aggression des Konkurrenten, des Vaters, zu verlieren, hier wird sie von Hoffmann möglicherweise in verschlüsselter Form dargestellt. Wer noch seine Zweifel hat: Was bestätigt diese Vermutung mehr als die Tatsache, daß der Hund am Tisch sitzt und seinen Erfolg genießt: Die Peitsche, sein Status- und Penissymbol, hat er wieder in seinen Besitz gebracht. Der Vater hat dem Friederich gezeigt, „woher der Barthel den Most holt", und diesen, den Wein, der für Erwachsene vorbehalten ist, den trinkt er (allein)!

Noch in einer anderen Figur erscheint indirekt der Vater: Da sieht man den Arzt, der am Bett des bösen Buben sitzt und ihn kuriert. Ein Arzt genießt nun einmal Autorität. Um das zu unterstreichen, hat er einen Spazierstock dabei, der für Friederich allerdings hinter dem Rücken des Vater-Stellvertreters verborgen bleibt. Dagegen ist die Flasche mit der Medizin für alle deutlich sichtbar. Der bitterböse Bube muß behandelt werden: mit Medizin, die seine (seelische) Genesung unterstützen, seinen Charakter zum Besseren hin verändern soll. Hilft sie nicht, steht notfalls der Stock in Reserve. Erziehung und eine falsche dazu, das kann schon eine bittere Medizin sein. Auf diese Weise schließt sich der Teufelskreis: Weil's mit Gewalt noch am besten geht, wird der Unterdrückte bei der nächsten Gelegenheit seiner Wut dem Schwächeren gegenüber wiederum freien Lauf lassen. Die hier angebotene Medizin scheint wirklich nicht die richtige Medikamentation zu sein. Auf der Strecke dabei bleiben die Gefühle von Liebe, Sicherheit, von Vertrauen und Geborgenheit. Das Symbol für Zärtlichkeit, die Katze, sie liegt mit einem Stein erschlagen am Rande des Geschehens!

Wie man auch immer das Entstehen von Aggressionen erklärt — ob als Antwort auf Frust oder als eine dem Menschen gleichsam in die Wiege gelegte Verhaltensvariante, ob als Lernvorgang, bei dem die Eltern das Modell abgeben, an dem gelernt wird – wichtiger ist die Antwort, die wir auf aggressives Verhalten bereit halten. Wie es in diesem „Mährlein" von Hoffmann vorgeführt wird, sollte es nicht sein. Den Friederich ins Bett zu stekken, wäre der falsche Rat. Richtiges, aggressionsfreies Verhalten, Konfliktlösungsstrategien, die lassen sich von Jung und Alt und am besten gemeinsam aneignen. Im Bett zwar „fährt einem kein Automobil überm Bauch", wie es in einem alten Schlager tröstend heißt, aber lernen kann man da nichts. Weder das, was man tun sollte, noch das, was man zu lassen hat. Und warum darf nicht gerade ein Kind zunächst Fehler machen, zumal man von denen wirklich profitieren kann. Da erweisen sich die nicht falsch beraten, welche empfehlen, besser verkehrt, als gar nicht zu handeln. Sicher, der Wunsch nach einem aggressionsfreien, risikolosen Leben ist verständlich, erweist sich aber bei genauerem Hinsehen als eine Utopie. Der Mensch, das gilt für Friederich wie Frieda, gehört aus dem Bett und ins „feindliche" Leben, um zu erkennen, daß es gar nicht so gefährlich ist, wenn's man nur richtig anfängt. Das ist zwar ein Leben mit Konflikten, mit denen man aber umzugehen versteht, wenn einem in Elternhaus, im Kindergarten, in Schule und Beruf die dazu notwendigen Grundlagen vermittelt werden.

Kapitel III

Die gar traurige Geschichte mit dem Feuerzeug

Paulinchen war allein zu Haus

oder

Wenn man „entflammt", dann kommen heiße Sachen 'raus

Mit Streichhölzern spielendes Kind verursachte Großbrand

Ein mit Streichhölzern spielendes Kind hat im Kreis Haikang in der südchinesischen Provinz Kwangtun einen Großbrand verursacht, der 312 Häuser vernichtete. Die Hongkonger Zeitung „Ta Kung Pao" brachte am Sonnabend eine Meldung eines chinesischen Pressedienstes, in der es hieß, der Brand sei von einem spielenden Mädchen ausgelöst worden und habe zwölf Stunden lang gewütet. Verletzt wurde der Meldung zufolge niemand.

(„Tagesspiegel", 9.3.1986)

Die gar traurige Geschichte mit dem Feuerzeug.

Paulinchen war allein zu Haus,
Die Eltern waren beide aus.
Als sie nun durch das Zimmer sprang
Mit leichtem Mut und Sing und Sang,
Da sah sie plötzlich vor sich stehn
Ein Feuerzeug, nett anzusehn.
„Ei“, sprach sie, „ei, wie schön und fein!
Das muß ein trefflich Spielzeug sein.
Ich zünde mir ein Hölzchen an,
Wie's oft die Mutter hat getan.“

Und Minz und Maunz, die Katzen,
Erheben ihre Tatzen.
Sie drohen mit den Pfoten:
„Der Vater hat's verboten!
Miau! Mio! Miau! Mio!
Laß stehn! Sonst brennst du lichterloh!“

Paulinchen hört die Katzen nicht!
Das Hölzchen brennt gar hell und licht,
Das flackert lustig, knistert laut,
Grad wie ihr's auf dem Bilde schaut.
Paulinchen aber freut sich sehr
Und sprang im Zimmer hin und her.

Doch Minz und Maunz, die Katzen,
Erheben ihre Tatzen.
Sie drohen mit den Pfoten:
„Die Mutter hat's verboten!
Miau! Mio! Miau! Mio!
Wirf's weg! Sonst brennst du lichterloh!“

Doch weh! die Flamme faßt das Kleid,
Die Schürze brennt; es leuchtet weit.
Es brennt die Hand, es brennt das Haar,
Es brennt das ganze Kind sogar.

Und Minz und Maunz, die schreien
Gar jämmerlich zu zweien:
„Herbei! Herbei! Wer hilft geschwind?
In Feuer steht das ganze Kind!
Miau! Mio! Miau! Mio!
Zu Hilf'! das Kind brennt lichterloh!"

Verbrannt ist alles ganz und gar,
Das arme Kind mit Haut und Haar;
Ein Häuflein Asche bleibt allein
Und beide Schuh', so hübsch und fein.

Und Minz und Maunz, die kleinen,
Die sitzen da und weinen:
„Miau! Mio! Miau! Mio!
Wo sind die armen Eltern? Wo?"
Und ihre Tränen fließen
Wie's Bächlein auf den Wiesen.

Wohltätig ist des Feuers Macht, wenn sie der Mensch behütet und bewacht

1842 wurde Hamburg durch einen Großbrand vernichtet, und viele Dörfer und Städte teilten zuvor und danach das Schicksal dieser Stadt. Waren doch damals die Häuser überwiegend aus Holz gebaut und gerieten schneller als unsere heutigen Betonburgen in Brand. Offene Öfen, Kamine, Herdstellen, all dies bildete eine permanente Gefahrenquelle und löste oft Katastrophen aus. Andererseits ergab sich durch Holzbauweise die Möglichkeit, eine Stadt schnell zu vernichten, um sie nicht in die Hand eines Feindes fallen zu lassen. Erinnert sei hier an den Brand Moskaus im Jahre 1812, der den Eindringling Napoleon zurück in die eisigen Schneewüsten Rußlands und damit in seinen endgültigen Untergang trieb. Die zwei Gesichter des Feuers, Wärme und Geborgenheit, Schaden und Vernichtung, Freude und Leid, wie sehr werden sie uns in der Paulinchengeschichte ansprechen.

Zunächst einige Hinweise auf die gefährlichen Aspekte. Kinder unterliegen besonders stark der Faszination des Feuers. Da gibt es den viel zitierten Erzieherspruch: „Messer, Gabel, Scher' und Licht taugt für kleine Kinder nicht". Wie skeptisch man auch sonst Sprüchen gegenüber sein mag, an diesem ist etwas dran, soweit es das Licht anbelangt. Im Durchschnitt werden 25 % aller Brandstiftungen von Kindern verursacht, die noch nicht 14 Jahre alt sind. Experten schätzen, daß mehr als 10 000 Brände jährlich von Kindern verursacht werden, wobei Schäden von mehreren Millionen Mark entstehen. Beispielsweise wirft für West-Berlin die Statistik aus, daß 1984 durch die Polizei 32 fahrlässige Brandstifter ermittelt wurden, davon waren 23 im Kindesalter. Kinder können oft nicht voraussehen, was ihnen und anderen passieren kann, wenn sie mit Streichhölzern oder Feuerzeugen spielen, wenn sie Kerzen anzünden oder mit Dingen hantieren, die schnell in Brand geraten. Solche Spiele sind für sie besonders interessant! So kommt es dann zum Unglück, sicher oft unbeabsichtigt.

Über den krankhaften Drang, Feuer zu legen

Aber sind wir sicher, daß es dabei nicht auch verdeckte, sogar ungewußte Absichten gibt, die im „Spiel" sein könnten? Fachleute nämlich messen dem Kokeln und Zündeln, dem Hantieren mit Streichhölzern und Feuerzeug eine wichtige psychologische Bedeutung zu. Sie meinen, daß ähnlich wie bei manchem Selbstmordversuch Jugendlicher – und vielleicht nennt Hoffmann nicht ohne Grund diese Episode vom Paulinchen als einzige eine „gar traurige Geschichte" – sich hinter diesen Symptomen eine gestörte psychische Entwicklung verbirgt, die dann zwangsläufig in eine Katastrophe führt.

Dies wird besonders deutlich bei Pyromanen. Unter Pyromanie versteht man ein zwanghaftes Begehren, Feuer zu legen. Auch wenn er es eigentlich nicht will, der Betreffende kommt nicht umhin, dem zu folgen. Warum das so ist, weiß der Pyromane nicht. Hilflos fühlt er sich diesem Drang ausgeliefert. Mancher der Gestörten kann sich diesem Trieb nur entziehen, in dem er ihn „ins Gegenteil verkehrt", sozialisiert, wie der Psychologe sagt. Er wird dann bewußt und in betonter Absicht Hüter des Feuers, wird Feuerwehrmann oder Mitglied der freiwilligen Feuerwehr. Er verdrängt damit den Wunsch zu kokeln und zu zündeln. Wird aber aus irgendwelchen Gründen die „Verdrängungsdecke" zu dünn, dann ist das Unglück da. Kein Wunder, wenn man in der Zeitung hin und wieder von Fällen liest, in denen gerade der Feuerwehrmann am schnellsten zum Ort des Geschehens eilte, der den Brand selbst gelegt hat. Damit schlägt er zwei Fliegen mit einer Klappe: Einerseits kann er seinen bisher verleugneten Drang, ein Feuer zu machen, befriedigen und andererseits ihn gleichzeitig bekämpfen – wenn auch zu spät und in mißlungener Form –, indem er hilft, Feuer zu löschen. Zusätzlich stärkt dies sein oft vermindertes oder gestörtes Selbstbewußtsein, denn er ist ja einer der ersten und tüchtigsten Leute an der Brandstelle und wird entsprechend gelobt oder sogar ausgezeichnet, stellt sein „Licht" also nicht unter den „Scheffel", aber unter das Strohdach des Hauses! Leider „entflammt" beides, seine Begierde, die Faszination des Feuers und die damit verbundene emotionelle Erregung zu erleben, als auch das schöne, alte Bauernhaus.

In seiner Geschichte „Die Feuerfee" hat Peter Rühmkorf, der Erzähler aufgeklärter Märchen, diesen Sachverhalt auf eine amüsante Weise am Beispiel des Zündlers Franz Brandnarb dargestellt, der sich nicht nur durch das Vorhersehen eines jeden Brandes, sondern auch durch sein furchtloses Zupacken beim Löschen so erstaunlich hervortat, „daß er bald zum Zugführer befördert wurde und schließlich zum Spritzenmeister, und nach einigen drei, vier Jahren war er in Ritzerau und um Ritzerau herum bereits so berühmt wie der Feuerwehrmann Florian im seinerzeit römischen Lauriacum." Damit hier keine Mißverständnisse aufkommen: Es handelt sich da immer um Einzelfälle. Die meisten Feuerwehrmänner wählen ihren Beruf aus ehrenwerten Motiven und üben ihn vorbildlich aus.

Zurück zu den Kindern: Es gibt eine Reihe von Gründen, weshalb Kinder unter 14 und besonders welche zwischen dem vierten und siebenten Lebensjahr häufig zündeln. Sie wollen unbewußt auf sich und die als negativ empfundenen Lebensumstände aufmerksam machen. Manche möchten, daß man sie aus einer Umgebung herausnimmt, mit der sie nicht zurechtkommen. Einige neigen zur Dissozialität und Verwahrlosung, zeigen übersteigerte Impulsivität, einen erheblichen Antriebsüberschuß oder auch eine gewisse Kritiklosigkeit, vor allem sich selbst gegenüber. Gekoppelt ist die Neigung zum Zündeln oft mit dem Hyperkinesesyndrom, also einer übersteigerten Motorik und

Aggressivität. Allen diesen Symptomen liegt meist ein schweres Lebensschicksal oder ein für das Kind nicht zu bewältigendes emotionelles Problem zugrunde. Der Psychologe Seligmann konnte nachweisen, daß die Hälfte dieser Zündler im frühen Lebensalter meist ein Elternteil, mitunter sogar Vater *und* Mutter verloren hatte, daß sie depressiv oder verzweifelt waren, sich vereinsamt fühlten und still vor sich hinlitten. Auch scheint es, behauptet die Neurosenpsychologie, einen gewissen Zusammenhang zwischen krankhafter Vorliebe fürs Feuer und einer gestörten Sexualentwicklung zu geben. Nicht von ungefähr heißt es im Volkslied: „Kein Feuer, keine Kohle kann brennen so heiß wie heimliche Liebe, von der niemand was weiß."

Wie man dem Kind beibringt, sachgerecht mit dem Feuer umzugehen

Welche Spekulationen man auch für das übersteigerte Bedürfnis, mit Feuer umzugehen, anstellt: Erwachsene, Eltern sind gefordert, mit diesen zunächst ganz normalen Bedürfnissen ihrer Kinder umzugehen. Dem Kind Angst vor Feuer zu machen, hilft hier genau so wenig wie Schimpfen, Schlagen und Bestrafen, besonders dann nicht, wenn sich eine gestörte Entwicklung anbahnt. Im Gegenteil, solch ein Verhalten würde sich wiederum verstärkend auf die Fehlhaltungen des Kindes, die sich zumeist aus falschen Einstellungen der Eltern erst ergeben, auswirken. Dem Kind wird geholfen, wenn man mit ihm rechtzeitig und in vernünftiger, ruhiger, beruhigender, ausführlicher und anschaulicher, seinem Lebensalter entsprechender Weise über die Gefahren spricht, die durch Feuer entstehen können. Aktuelle Hinweise in den Medien können solche Gespräche veranlassen.

Es ist wichtig, wenn Kleinkinder im Hause sind, Feuerzeuge, Streichhölzer oder ähnliches so aufzubewahren, daß sie nicht herankommen. Manche Kinder sind dennoch findig genug, um herauszubekommen, wo Eltern diese Dinge vor ihnen verborgen halten. Deshalb ist es unerläßlich, mit ihnen beispielsweise das Anzünden von Kerzen kontrolliert zu üben. Nicht zuletzt sind es fehlender Umfang und der damit verbundene Mangel an Übung, Umsicht und Geschicklichkeit, wenn ein Unglück geschieht. Kinder müssen nicht nur lernen, die Gefahren und die Folgen falschen Verhaltens einzuschätzen, sondern sollten auch Techniken erwerben, die sie zum Herrscher über das Feuer machen. Kontrollierter Umgang mit dem Feuer zunächst unter der Anleitung der Erwachsenen, später aus eigenem Können und eigener Sicherheit, ist der beste Garant – wenn auch kein absoluter – um Gefahren zu vermeiden. Den schon zitierten Spruch von Gabel, Messer, Scher' und Licht wird man deshalb heute wohl kaum noch in der Erziehung verwenden. Eltern sollten wissen, was da nutzlos ist oder wirklich hilft. Außerdem schreiben wir nicht mehr das Jahr 1840, in dem das Streichholz erfunden wurde, ihm damit der Reiz des Neuen anhaftete und zu Versuchungen führte, wie sie dem Paulinchen auf schreckliche Weise widerfuhren.

Paulinchen war weder klein, noch zu Hause ganz allein!

„Paulinchen war allein zu Haus, die Eltern beide waren aus". Aber was heißt hier eigentlich Paulinchen? Da stellt man sich doch ein kleines Mädchen vor, so zwischen den schon genannten kritischen vier und sieben Jahren, in einem Entwicklungsabschnitt, in dem man von Natur aus wißbegierig und damit zwar anfällig für Zündeln, aber im allgemeinen und dazu als Mädchen noch unkompliziert ist, seinen Eltern gehorcht und gern mit Puppen spielt. Paulinchen dagegen scheint für ihre Puppe wenig übrig zu haben. Achtlos schleift sie die neben sich her und ist mehr an den Zündhölzern interessiert. Kein Wunder, denn sie ist, betrachtet man ihre Statur, die Züge ihres Gesichts und die Bekleidung, eigentlich schon eine Pauline, um die vierzehn Jahre herum. Gewiß, im vorigen Jahrhundert wurden Kinder meist wie Erwachsene gekleidet, da es noch keine spezielle Mode für sie gab, obwohl das 1787 gegründete „Journal des Luxus und der Moden" bereits ein erstes Kindermodell veröffentlicht hatte und die Kinderkleidung nun begann, sich allmählich von der Bekleidung der Erwachsenen zu unterscheiden. Doch diesen möglichen Einwand relativieren die unterschiedlichen Gestaltungen der ersten Auflagen. Dort sagt die Graphik aus, daß Paulinchen zunächst viel schmuckloser gekleidet war. Das Kleid war einfach, es dominierte eine Schürze, die jemand trägt, der etwa vierzehn Jahre alt ist und im Haushalt hilft, um sein Brot zu verdienen. Erst in späteren Auflagen findet man am Kleid schmückendes Beiwerk wie Rüschen und Bänder, so daß Paulinchen dort eher putzsüchtig, sogar kokett auf den Betrachter wirkt.

Und wie achtlos und uninteressiert das Mädchen mit seiner Puppe umgeht, mit „leichtem Mut und Sing und Sang durch das Zimmer" springt! Ganz anders als der Konrad, der, wie wir noch sehen werden, in schwere Depressionen und Verlassenheitsängste fällt, als die Mutter aus dem Haus geht. Bei Paulinchen hat man den Eindruck, sie freut sich geradezu darauf, endlich einmal allein zu sein. Ein möglicher Hinweis, daß Mädchen Verlassensein und Abwesenheit der Eltern besser ertragen oder verarbeiten können als das angeblich starke Geschlecht? Die Jungen scheinen da im Gegensatz zu den landläufigen Meinungen, die wohl eher Vorurteile sind, sensibler zu reagieren und psychisch schneller Schaden zu nehmen. Väter können dies aus eigener Erfahrung bestätigen, auch wenn es der Eigenliebe einer sich selbst zum stärkeren Geschlecht deklarierenden Männerwelt nicht eben schmeichelt.

Paulinchen jedenfalls machte es, „wie's oft die Mutter hat getan" – mit Streichhölzern, versteht sich, um hier nicht zu schnell Zweideutigkeiten aufkommen zu lassen. Aber ist Paulinchen wirklich allein im Haus? Wer das den Bildern nach annimmt, der irrt. Entsprechend dem Stellvertreterprinzip – man erinnert sich, in der vorigen Geschichte war es der beißende Hund, der den Vater vertrat – sind es hier die beiden Katzen, welche die Eltern repräsentieren. Die große Katze ist vermutlich der Vater, die kleinere Katze die Mutter. Jedenfalls bleiben sie nicht untätig, sie warnen das Paulinchen, wie Eltern das tun.

Abschnitte der Gewissensentwicklung beim Mädchen

Ob dieses psychologischen Kunstgriffes, den Hoffmann hier vorführt, kann man ihn nur bewundern. Wenn es richtig ist, daß auch diese Geschichte darstellt, wie der Vorgang von Gewissensbildung im Kinde verläuft oder doch zumindest einer der vielen Abschnitte, eine der wichtigsten Phasen beschreibt, dann ist das gelungen: Die Eltern sprechen ein Verbot aus; das Mädchen ist aber vorläufig nur in der Lage, dies zu beachten, wenn die Anwesenheit von Vater oder Mutter die Befolgung zwingend notwendig macht. Paulinchen hat die Anordnung noch nicht in ihr Gewissen übernommen, noch nicht introjiziert oder internalisiert, wie die Psychologen sagen, noch nicht in ihren moralischen Charakter integriert. Vielleicht weil sie zu jung ist, die Erziehung der Eltern nicht nachhaltig genug war oder sich nicht entsprechend auswirken konnte. Vielleicht auch, weil sie sich innerlich noch zu sehr sträubte, in einer mehr kleinkindhaften Trotz- und Ablehnungshaltung verharrte. Derweil die Eltern die Wohnung verlassen haben, ist ihr Verbot von Paulinchen, wenn auch noch nicht zum eigenen Gebot gemacht, jedoch nicht vergessen worden. Es ist quasi anwesend und wird bildlich durch die Katzen – Repräsentanten der Eltern – dargestellt. Die hat Paulinchen gleichsam in ihrer Vorstellung selbst produziert, zunächst nach außen gelegt, auf diese Weise konkretisiert und damit für sich veranschaulicht, aber noch nicht als Verhaltensnorm verinnerlicht. Sie sind Bausteine, die als Bestandteile ihres „Ich" und „Überich", wie Freud das Gewissen nennt, anzunehmen und in sich aufzunehmen als Aufgabe vor dem Mädchen steht. Sie bilden gleichsam eine Hilfskonstruktion, um als Brücke und anschauliches Gedächtnismuster diesen Prozeß zu unterstützen. Später, wenn die Gebote der Eltern Bestandteil ihres sittlichen Charakters und Wertekatalogs geworden sind, bedarf es weder der konkreten Anwesenheit von Vater oder Mutter, noch ihrer weiteren realen Existenz oder einer anderen anschaulichen Hilfe.

Das leichtsinnige Paulinchen überhört vorläufig alle Warnungen. Neugierig probiert es das treffliche Spielzeug aus und freut sich an ihm. Aber dann geht die Prophezeiung der Katzen in Erfüllung. Die Flamme erfaßt das Kleid, „es brennt die Hand, es brennt das Haar, es brennt das ganze Kind sogar". Übrig bleibt ein Häufchen Asche, zwei Schuhe und weinende Katzen, welche, nachdem wir ihre Stellvertreterfunktion durchschaut haben, die nun geradezu scheinheilig klingende und überflüssige Frage nach den armen Eltern stellen. Jetzt fließen die „Tränen wie's Bächlein auf den Wiesen". Aber dieses Wasser kommt viel zu spät. *Vorher* wäre damit der Brand vielleicht zu löschen gewesen.

Paulinchen auf dem Weg, erwachsen zu werden

Der Ungereimtheiten gibt es noch eine ganze Reihe. Ein Mädchen verbrennt, und zurück bleiben seine Schuhe? Spekuliert man weiter, dann drängt sich ein bestimmter Verdacht auf. Hoffmann hat seine Geschichten in der ersten Auflage ausdrücklich als „Mährlein" bezeichnet und im Nachwort der 100. Auflage, die als Jubiläumsausgabe 1876 erschien, unterstreicht er dies: „Das Buch soll ja märchenhafte, übertriebene, grausige Vorstellungen hervorrufen . . . Mit der absoluten Wahrheit, mit algebraischen oder geometrischen Sätzen rührt man keine Kinderseele, sondern läßt sie elend verkümmern."

Da fällt einem eine Szene aus dem „Aschenputtel" ein: „Blut ist im Schuh, rucke di gu, rucke di gu, Der Schuh ist zu klein, die rechte Braut sitzt noch daheim". Dies ist jedesmal der Augenblick, wo die neidischen Stiefschwestern in ihrer Rolle als potentielle Braut demaskiert werden, der Königssohn sein Pferd wendet und die falsche Braut zurück in ihr Haus bringt.

Bruno Bettelheim hat in seinem lesenswerten Buch „Kinder brauchen Märchen" daran erinnert, daß der Schuh häufig ein Symbol für die Vagina und damit für die sexuell reife, erwachsene Frau ist, und Aschenputtel auch deshalb in der Asche sitzt, „weil es so schmutzige Wünsche hat"! Wenn man sich auf dieser Interpretationsschiene bewegt: Könnte es nicht sein, daß hier ein Kind in den Flammen seiner Entwicklung, bildlich ausgedrückt, „verbrennt"; daß aus dem noch abhängigen, unwissenden Kind etwas qualitativ Neues, nämlich ein jetzt selbständiger, aufgeklärter Erwachsener wird? Dann wäre es nicht der Verlust eines Angehörigen, der von Eltern mit diesen Krokodilstränen begossen wird, sondern der Verlust eines Zeitabschnittes von Kindheit bei ihrer Tochter, die zur Frau gereift, nun sich von ihnen zu lösen beginnt. Daß Eltern da jammern, ist zu verstehen.

„Alles ist Abschied", hat einmal George Forestier in einem seiner Gedichte so treffend geklagt. Von dem Baby trennt man sich aus der körperlichen Einheit, wenn es den Mutterleib verläßt; von einem Kleinkind muß man wiederum ein Stück Abschied nehmen, wenn man es in den Kindergarten gibt und erlebt, wie es nun auch von anderen, von Kindern und fremden Erwachsenen, beeinflußt wird; das Schulkind müssen wir mit Lehrern teilen, weil sie seine Erziehung übernehmen, zu neuen Vorbildern werden, andere Leitbilder setzen und zu einem nicht unwesentlichen Anteil an der Charakterbildung beteiligt sind, die uns bisher als Eltern vorbehalten schien. Von Töchtern heißt es Abschied nehmen, wenn sie eingeweiht in die Geheimnisse der Sexualität sich mit Partnern verbinden und später das Haus verlassen. Dieser Abschied ist es, der so beweint wird, „daß Tränen fließen wie's Bächlein auf den Wiesen."

Läßt sich mutmaßen, durch welches Ereignis Paulinchen nun zur Pauline geworden ist? Erlauben wir uns, dem nachzugehen, auch wenn das zu Interpretationen führen könnte, die gewagt oder sogar „an den Haaren herbeigezogen" erscheinen.

Besser ein Sack Flöhe hüten als ein Mädchen

Dazu wären Fragen zu stellen und Antworten zu finden. Was läßt hier Eltern so machtlos werden, daß sie nicht mehr eingreifen, zupacken und verhindern können, wie es in der Geschichte vom bösen Friederich noch der Fall war? Ist es ihre reale Abwesenheit, die sie funktionslos werden läßt? Mahnen und warnen können sie zwar noch, aber verhindern? Eher läßt sich ein Sack Flöhe hüten als ein junges Mädchen, sagt der Volksmund. Körperliche Entwicklung, Reifung kann man durch nichts und niemand aufhalten, schon gar nicht verhindern. Allenfalls können Eltern bei ihren Kindern durch Vorbildfunktion – dadurch, daß sie ihnen ein „Lernen am positiven Modell" ermöglichen, wie die Verhaltenstherapeuten es nennen – Liebesfähigkeit entwickeln und die Einstellung zur Sexualität in persönlichkeitsfördernde Bahnen lenken. Wenn es darum geht, wird auch einsichtiger, weshalb Hoffmann in dieser Geschichte als Symbolfigur für die Eltern Katzen gewählt hat. Schon immer repräsentieren sie den Bereich des Schmeichelns, Streichelns und der Zärtlichkeit. Nicht als erster hat einer der bedeutendsten Maler des 18. Jahrhunderts, François Boucher, auf seinen Bildern den Frauen, die als Kurtisanen sich in Liebesdingen besonders fähig erwiesen, Katzen als Schmusetiere in den Schoß oder zu Füßen gelegt.

Erinnern wir uns: In der Anfangsszene des bitterbösen Friederich liegt die Katze, das Symbol der Liebe, die dieser bedauernswerte Knabe entbehren mußte, mit einem Stein erschlagen am Fuß der Treppe! Und was das Feuer anbelangt, werden solche Vermutungen durch viele Redewendungen die wohl nicht zufällig entstanden sind, zur Gewißheit: „Das Spiel mit dem Feuer; wenn man liebt, steht man in Flammen; man ist entflammt; meine Flamme, sagt man zur Geliebten, die in modernem Jargon eine „heiße Braut" ist; es knistert dann zwischen beiden; man ist für den anderen entbrannt, ist Feuer und Flamme, läßt sein eigenes Licht leuchten und stellt es eben nicht unter den Scheffel." Liebe ist also bei Paulinchen angesagt. Aber mit wem und etwa schon in diesem Alter? Hier hilft uns ein Blick in das bekannte Buch „Vom Es" des Psychoanalytikers Groddeck weiter. Er hat dort die Geschichte vom Paulinchen provozierend als das „*Onanie-Lied* eines Mädchens" bezeichnet.

Wie Kinder über den Körper sich selbst entdecken

Jetzt ist die Katze – oder sind es sogar zwei? – aus dem Sack! Lassen wir uns auf diese gewagte Interpretation ein, dann ist Paulinchens Spiel mit dem Feuer nichts anderes als ein indirekter Hinweis auf Sexualentwicklung und die damit verbundene Onanie. Sexualität wird in der Zeit der Pubertät, nachdem das Kind in anderer Form Vorerfahrungen und Grundlagen dafür gewonnen hat, zunächst am eigenen Körper erfahren und ausgelebt. Es ist die Selbstbefriedigung, Onanie oder Masturbation genannt, die in Vorwegnahme einer auf andere Partner bezogenen Sexualität als Liebesspiel erprobt wird. Partner ist man zunächst sich selbst. Später in der Form des Petting erfolgen die ersten, noch zögernden Schritte auf das Du. Erst „brennt die *Hand,* (dann) brennt das Haar, es brennt (schließlich) das ganze Kind sogar."

Leser mögen hier zunächst staunen, dann zögern, schließlich erschrecken. „Das ist doch der Höhepunkt", wird mancher ausrufen. Und ein Höhepunkt ist das alles tatsächlich und in jeder Hinsicht! Diese erste Art und Weise der Sexualbetätigung in Form der Onanie ist, wie wir heute wissen, ganz normal. Die Entwicklung des Menschen zeigt, daß jeder Fortschritt zunächst mit dem Entdecken des eigenen Körpers verbunden ist. Betrachtet man ein Baby, bemerkt man, wie es den Finger in den Mund steckt und über dieses Tastorgan von der Existenz und Beschaffenheit seiner Hände erfährt. Später kann man beobachten, wie es mit den Händen seinen Körper abtastet, die Beine entdeckt, den Bauch befühlt, ein Bild von sich selbst gewinnt, ein Körperschema entwickelt. „Das bin also ich", welch' eine wichtige Entdeckung für jedes Baby! Und der immer wieder prüfende Blick in den Spiegel läßt noch die Erwachsenen – diesmal über das Auge – sich vergewissern, wie es um ihr Aussehen, ihre körperliche Beschaffenheit und ihr Wohlbefinden bestellt ist.

Gleiche Schritte erfolgen in der Sexualentwicklung. Jungen und Mädchen entdecken, daß sie da etwas haben, was ihnen Lust bereitet. Jeder, der unvoreingenommen Kleinkinder beobachtet, kann dies wahrnehmen, sofern er nicht gleich mit dem manchmal üblichen empörten „Pfui baba" reagiert oder verschämt wegguckt, weil er es einfach nicht akzeptieren will. Kinder verschaffen sich auf diese Weise Lust und beruhigen sich selbst. Man spricht deshalb von der Kleinkind-Onanie. Kluge Ammen haben solches schon immer gewußt und manchmal die ihnen anvertrauten Kinder damit zur Ruhe gebracht.

Mit zunehmendem Alter und häufig wegen der negativen Reaktionen der Erwachsenen werden solche Manipulationen am eigenen Körper aufgegeben. Sie werden dann erst wieder in einem Entwicklungsabschnitt praktiziert, den man Pubertät, Reifezeit nennt. Entsetzen und Scham ist also unangebracht, zumal mancher Erwachsene, wie wir seit dem Kinsey-Report wissen, trotz glücklicher und befriedigender körperlicher Beziehungen zum Partner dann und wann onaniert oder solche Techniken in das gemeinsame Liebesspiel mit einbezieht.

Onanie und ihre schlimmen Folgen!

Ob Hoffmann sich dessen bewußt war, was er mit der Paulinchen-Geschichte alles zum Ausdruck gebracht hat? Eine eindeutige Antwort läßt sich da wohl kaum finden. Man ist eher geneigt, mit Nein als mit Ja zu antworten. Andererseits war Hoffmann zu informiert, um nicht die Prüderie und die Fehleinstellungen seiner Umwelt zur Sexualität zu bemerken. Als aufgeklärter Geist und fortschrittlicher Liberaler mehr unvoreingenommen und als Arzt konnte er Kinder in jeder Situation und sicher auch in solchen, wo Sexualität eine Rolle spielte, beobachten. Als Leiter der Städtischen Irrenanstalt lernte er das Unbewußte, das Dämonische und die verdrängten sexuellen Impulse der Persönlichkeit kennen. Sicher war ihm bekannt, daß man im Jahrhundert zuvor kindlicher Sexualität vorurteilsloser, offener und verständnisvoller gegenüberstand, während dann zu seiner Zeit die Verdrängung solcher Beobachtungen und Erfahrungen begann. Es setzte sogar der bewußte Kampf gegen zu frühe Sexualbetätigung und damit auch gegen die Onanie des Kindes ein. Pädagogen brachen beispielsweise in die Klage aus, daß sich

„bekanntlich insbesondere Kinder beiderlei Geschlechts diesem Laster hingeben, das damit die Zukunft der Gesellschaft schon im Ansatz zerstört. Denn schließlich sind sie es, die einmal das Werk der Gesellschaft fortführen sollen. Ein solches Laster hat mithin unheilvollen Einfluß auf den Einzelnen wie auf die Gattung. Wieviele Kinder sind nicht schon an der Masturbation zugrunde gegangen? Andere sind anfällig geworden für zahlreiche Krankheiten, insbesondere für Schwindsucht und mannigfaltige Störungen des Nervensystems. Auch die Verdauungsfunktion wird bei Individuen, welche die geschlechtliche Lust mißbrauchen, alsbald geschädigt. Ein Onanist sieht seine Stärke rasch verfallen, seine gesunde Hautfarbe verblassen. Er verliert an Gewicht, und wenn er noch jung ist, bleibt sein Organismus für immer auf dieser Entwicklungsstufe stehen. Um seine eingefallenen Augen legen sich Schatten, und seine Haut wird farblos. Die Kranken werden faul; ihr Gang ist gebückt, und sie fallen leicht in Ohnmacht. Ihre Muskelkraft schwindet mehr und mehr, und ihr Gang wird unsicher. Kaum dem Jugendalter entwachsen, ist der Rumpf schon gebeugt. Eine derartige Person ähnelt weniger einem Lebewesen als einem Toten. Sie ist wenig mehr als eine Bestie, ein Anblick, der einen mit Schrecken erfüllt, wenn man bedenkt, daß diese unglückliche Kreatur einmal zur menschlichen Rasse gehörte."

Eine Horrorvision, mißt man sie an der Aufgeklärtheit, dem Wissen und der erzieherischen Einstellung unserer Zeit. Das Wirken von Freud, vielen anderen Sexualpsychologen und aufgeschlossenen Pädagogen hat zu positiven Veränderungen in der Einstellung zur Onanie geführt.

Unbeantwortet soll zunächst noch die Frage bleiben, weshalb man im vorigen Jahrhundert in pädagogischen Schriften und Traktaten, in den erzieherischen Konzepten und im familiären Alltag gegen ein zu frühes Aufbrechen der Sexualität und gegen die Onanie nachdrücklich Stellung bezog. Bei der Besprechung der Geschichte vom Daumenlutscher Konrad werden wir darauf eingehen, zumal die Befürchtungen, was die Folgen der Masturbation anbelangte, für Jungen stets erheblich größer waren als bei Mädchen, denen gegenüber man zu einer gewissen Nachsicht — und dies nicht von ungefähr — bereit war.

Hexen hat man auch verbrannt

Gedanken sollte man sich auch über einen anderen auffälligen Sachverhalt machen: Es sind fast ausschließlich Mädchen „entflammt" und das schon in Kinderbüchern, die vor 200 Jahren geschrieben wurden. Dabei gelten doch Jungen als das viel aggressivere Geschlecht, sind eher für solche Entwicklungsstörungen wie Zündeln und Kokeln prädestiniert. Hat Hoffmann mit oder ohne Absicht ein Mädchen gewählt, um von dem Jungen, auf den der Sachverhalt, was die sexuelle Reifung anbelangt, eigentlich zielt, abzulenken? Deutet er damit indirekt die frühkindlichen Probleme seiner eigenen Triebentwicklung an? Liegt damit nicht nur bei ihm, sondern im Bereich der Kinderbilderbücher generell eine bestimmte Verhüllungstendenz vor? Bediente man sich damals und auch heute noch der „Verkehrung ins Gegenteil"? Stellt man die Dinge auf den Kopf, um die Suche nach dem wahren Sachverhalt zu erschweren oder ihn sogar zu verschleiern?

In der ersten Auflage, in der Hoffmann, wie wir schon erwähnten, als „Reimerich Kinderlieb" zeichnete – erst in den folgenden Auflagen gab er nach und nach, zunächst als „Heinrich Kinderlieb", dann als Heinrich Hoffmann seine wahre Identität preis – ist das Paulinchen noch so dargestellt, daß seine Vorderseite in Flammen steht. In späteren Auflagen, vielleicht als eine Art von (un-)bewußtem „Ablenkungsmanöver", brennt der Rücken des Kindes. Wo das Feuer tatsächlich entzündet wurde, ist keine Flamme zu sehen. Da wo der eigentliche Auslöser, der angedeutete und hier jedenfalls so interpretierte Konfliktherd der traurigen (!) Geschichte liegt, ist absolut nichts mehr wahrzunehmen. Nachdem die Sache verhüllt, chiffriert und abgesichert war, sich als Autor erkennen zu geben, dürfte dem in seiner Stadt bekannten und in seinem Freundeskreis gut angesehenen, auf seinen Ruf bedachten Arzt Heinrich Hoffmann dann nicht mehr schwer gefallen sein.

Eine letzte Überlegung, die in diesem Zusammenhang angestellt werden könnte: Auch Hexen hat man früher verbrannt. Aber nicht, wie wir heute wissen, weil sie sich finsterer Mächte bedienten und mit dem Teufel im Bunde standen, sondern weil sie als Bräute des Satans, als Inkarnation des Bösen und der *Lust* oder als Teufel selbst bei den herrschenden Männern angstbesetzte Phantasien hervorriefen, die auf diese brutale Weise abgewehrt, verdrängt und gleichsam idealisiert wurden, indem man sie in den Dienst einer angeblich wertvollen (Religions-) Ideologie stellte.

Bis zu 9 Millionen sogenannter Hexen sollen damals umgebracht worden sein. Dies jedenfalls haben Heinsohn, Steiger u.a. in ihrem lesenswerten Buch „Die Vernichtung der weisen Frauen" angegeben. Und noch 1870 (!) behauptete der amerikanische Arzt Nicholas Francis Cooke in seiner (anonym) erschienenen Schrift „Satan in Society": „Die Gemütsbeschaffenheit der Frau läßt sie höchst Ungereimtes und Inkonsequentes begehen. Extrem im Guten, ist sie genau so *extrem im Bösen* . . . Sie steckt voller Widersprüche und Rätsel." „Die Frau ein Vampir, der Mann ihr Opfer", das war eine im 19. Jahrhundert weit verbreitete Meinung bei Männern. Hat etwa Hoffmann aus unbewußter Angst vor dem Weiblichen, der personifizierten Versuchung und Sünde, das Paulinchen verbrennen lassen?

Hier sind den Gedanken und der Phantasie des Lesers, die Geschichte des Mädchens weiterzuspinnen und auszudeuten, keine Grenzen gesetzt. Inwieweit er sich dabei die „Finger verbrennt", bleibt heutzutage erfreulicherweise jedem selbst überlassen.

Kapitel IV

Die Geschichte von den schwarzen Buben

Wer nicht so ist wie ich und du,
gehört auf keinen Fall dazu

oder

Allerlei über Vorurteile, Rassenhaß
und sonst noch was

Dicke und andere Verbrecher

Übergewichtige, die weder eine plausible Erklärung für ihr Gewicht liefern, noch gerade eine Diät machen, werden für faul, passiv, schlecht, langweilig und schwach gehalten.

Das ist jedenfalls ein Ergebnis einer Studie des amerikanischen Sozialpsychologen William DeJong, der sich mit der Psyche dicker Menschen beschäftigte und damit, wie diese von anderen wahrgenommen werden. DeJong legte in seiner Untersuchung 226 Studentinnen zwei Fotos vor, die einmal ein normalgewichtiges, zum anderen ein dickes Mädchen zeigten. Die Aufgabe der befragten Studentinnen bestand darin, einen ersten Eindruck von den abgebildeten Mädchen zu geben.

In deren Augen waren die Dicken weniger dynamisch als die normalgewichtigen, unabhängig davon, welche Erklärung sie für ihr Übergewicht angaben. Die Dicken allerdings, die gar keine Erklärung für ihr extremes Körpergewicht hatten, wurden am meisten abgelehnt.

Die Stigmatisierung von Menschen, die es „wagen", erklärungslos einfach dick zu sein, ähnelt nach DeJong derjenigen von Mördern und Vergewaltigern. Jedenfalls wurden alle diesen Gruppen dieselben Charaktereigenschaften zugeschrieben.

(„Psychologie heute", Dezember 1980)

Die Geschichte von den schwarzen Buben.

Es ging spazieren vor dem Tor
Ein kohlpechrabenschwarzer Mohr.
Die Sonne schien ihm aufs Gehirn,
Da nahm er seinen Sonnenschirm.
Da kam der Ludwig hergerannt
Und trug sein Fähnchen in der Hand.
Der Kaspar kam mit schnellem Schritt
Und brachte seine Bretzel mit.
Und auch der Wilhelm war nicht steif
Und brachte seinen runden Reif.
Die schrie'n und lachten alle drei,
Als dort das Mohrchen ging vorbei,
Weil es so schwarz wie Tinte sei!

Da kam der große Nikolas
Mit seinem großen Tintenfaß.
Der sprach: „Ihr Kinder, hört mir zu
Und laßt den Mohren hübsch in Ruh'!
Was kann denn dieser Mohr dafür,
Daß er so weiß nicht ist wie ihr?"
Die Buben aber folgten nicht
Und lachten ihm ins Angesicht
Und lachten ärger als zuvor
Über den armen schwarzen Mohr.

Der Niklas wurde bös und wild,
Du siehst es hier auf diesem Bild!
Er packte gleich die Buben fest,
Beim Arm, beim Kopf, bei Rock und West':

Den Wilhelm und den Ludewig,
Den Kaspar auch, der wehrte sich.
Er tunkt sie in die Tinte tief,
Wie auch der Kaspar: Feuer! rief.
Bis übern Kopf ins Tintenfaß
Tunkt sie der große Nikolas.

Du siehst sie hier, wie schwarz sie sind,
Viel schwärzer als das Mohrenkind!
Der Mohr voraus im Sonnenschein,
Die Tintenbuben hinterdrein;
Und hätten sie nicht so gelacht,
Hätt' Niklas sie nicht schwarz gemacht.

Wie Vorurteile entstehen

Natürlich gibt es auch Probleme, die primär nicht in Eltern oder in der Familiensituation begründet sind. Das zeigt die Geschichte von den schwarzen Buben. In ihr geht es um Konflikte, die sich einerseits aus Primitivreaktionen des Menschen, andererseits aus gruppenspezifischen Konstellationen ergeben können. Beginnen wir mit den instinktiven Resten in uns.

Sicher ist eine Urerfahrung, die der Mensch mit den Tieren teilt, daß Fremdartiges, was nicht aussieht oder sich nicht so gibt, wie man selbst, Befremden auslöst. Es wird kritisch betrachtet, abgelehnt und mitunter sogar verfolgt. Vögel jagen Artgenossen, die von Schema und den Details her fremd auf sie wirken, bis diese entweder fluchtartig das Revier verlassen oder zur Strecke gebracht worden sind. Bekannt ist in einem ähnlichen Zusammenhang das sprichwörtliche „Schwarze Schaf", das fast in jeder Gruppierung anzutreffen ist. „Wer nicht ist wie ich und du, gehört eben nicht dazu." Das mag bei Tieren biologischen Zwecken dienen, wie man bei Darwin nachlesen kann. Doch hat der Mensch dieses Primitivstadium seiner Entwicklung nicht schon lange überwunden? Wer das annimmt, unterliegt jedoch einem Irrtum. Deutlich wird dies bei den vielen noch bestehenden Vorurteilen, von denen wir uns immer wieder bei der Beurteilung bestimmter Sachverhalte leiten lassen.

Unter „Vor-Urteil" verstehen die Psychologen vorausgreifende Vereinfachungen oder sogar Verfälschungen der Wirklichkeit. Doch muß dieser psychologische Mechanismus eine Funktion haben, weil er sich sonst nicht auf diese hartnäckige und kaum zu behebende Weise immer wieder ergeben würde. Sicher hat die Bildung von Vorurteilen etwas mit der Art und Weise unserer Wahrnehmung zu tun. Durch vorausgreifende Vereinfachungen von Tatbeständen ermöglicht sie eine erste schnelle, grob skizzierende, überblickartige Auffassung von Sachverhalten.

Später können weitergehende Differenzierungen erfolgen, um nach der ersten, vorläufigen Einschätzung, einer Grobdiagnose von Problemsituationen, dann sachgerechter und adäquater handeln zu können. Das ist gewiß ein Vorteil, weil über Grob- und Feinraster ein soziales, kognitives oder emotionelles Problem angemessener geklärt werden kann. Andererseits können solche vorausgreifenden Vereinfachungen auch zu Verfälschungen der Wirklichkeit führen. Als erste Hilfskonstruktion zum schnellen und richtigen Erfassen erweisen sie sich als ungenau, wobei die zutreffende Interpretation eines Sachverhalts aufgrund des vorliegenden dürftigen Materials mitunter sogar verhindert wird. Mit der Wahrnehmung und deren Objektivität ist es eben solch eine Sache, wofür Paul Watzlawik in seinem Buch „Wie wirklich ist die Wirklichkeit?" interessante Belege gibt. Ein Teil dessen, was wir wahrzunehmen glauben, wird ohnehin in unserer Vorstellung, in unserem Gehirn konstruiert, so daß manche Dechiffrierung oder Definition eines Sachverhalts eher in die Richtung einer Deutung, als einer objektiven Darstellung weist.

Wie man aus Wolken oder Klecksen je nach Stimmungslage, Erwartungshaltung oder Persönlichkeitsstruktur recht unterschiedliche, individuelle Bilder deutet, also etwas in sie hineinsieht, trägt man die eigenen Interpretationen – unabhängig von objektiven Gegebenheiten – an die Sache heran. Damit verfälscht und subjektiviert man den ganzen Vorgang. Von diesem Tatbestand leben manche Psycho-Tests, auch projektive Verfahren genannt, die wie beim „Rorschach" den Probanden animieren, Farbkleckse zu deuten, damit auf diese Weise Rückschlüsse auf seine Persönlichkeit erfolgen können. Oder ein im Dunkeln erlebter Schatten veranlaßt uns bei entsprechender Motivation – Neugier, Vorsicht, Furcht oder Angst können hier im Spiel sein – nun doch genauer hinzusehen, damit man weiß, worum es sich wirklich handelt. Ängstliche vermuten zunächst einen Verfolger; Schürzenjäger glauben die Umrisse einer vielleicht zu erobernden Frau wahrzunehmen. Schließlich erkennt man, daß da ein Bekannter auftaucht, über dessen Gegenwart man in dieser Situation, die ohnehin mehr Furcht als Vertrauen auslöst, erleichtert und erfreut ist. Emotionelle Unsicherheit oder Angst können dazu führen, daß man aufgrund einer ersten flüchtigen Wahrnehmung und dem Vorurteil, nachts würden sich auf der Straße nur zweifelhafte Elemente herumtreiben, die Wahrnehmung voreilig in eine bestimmte Richtung lenkt und verfestigt. Dann sieht man in jedem den potentiellen Verbrecher, der einem nach dem Geld oder Leben trachtet.

Welche Funktion Vorurteile haben

Vorurteile haben zunächst zwar eine lebenswichtige Funktion, aber sie können auch gefährlich werden. Das ist besonders der Fall, wenn man sich nicht mehr die Mühe macht, weiter zu explorieren, sich zu vergewissern und die zunächst gebildeten Annahmen solange zu korrigieren, bis sie mit der Realität übereinstimmen. Vorurteile werden zu endgültigen Beurteilungen oft da, wo man aufgrund massiver Erfahrungen, aus tief verwurzelten persönlichen Einstellungen, Neigungen, Vorlieben, Ablehnungen und Feindschaften von vornherein zu wissen glaubt, wie die Sache läuft. Vorurteile im sozialen Bereich richten sich meist gegen Personen, die mehr Erfolg haben als man selbst, mehr Besitz angehäuft haben, diesen besser zu genießen wissen, es in ihrer Karriere weitergebracht haben, attraktiver wirken, beim anderen Geschlecht mehr Erfolge verbuchen können, mit Partnern besser zurechtkommen, einen glücklicheren Eindruck machen. Die Aufzählung ließe sich beliebig fortsetzen.

In einer Gesellschaft können sich Vorurteile bestimmten Zielgruppen gegenüber bilden: Juden, Schwarze, Zigeuner, Punker, politische Gruppierungen, denen man selbst nicht angehört, sind beliebte Objekte, besser gesagt „Subjekte", solcher Vorurteile. In speziellen Zeitabschnitten mit besonderen politischgesellschaftlichen Konstellationen, beispielsweise während des Dritten Reiches, wurden sie bewußt erzeugt oder am Leben erhalten und ins Maßlose, Irrationale, Tödliche gesteigert, um negative Gefühle wie Neid, Unzufriedenheit, Frustration und Aggression auf solche Gruppen projizieren zu können. Unzufriedenheiten, die sich ursprünglich gegen etwas anderes richten – beispielsweise schlechte wirtschaftliche Verhältnisse oder das Gefühl von Unterlegenheit und Abhängigkeit – werden gleichsam auf Randgruppen umgeleitet und schonen damit Umstände, die eigentlich anzuklagen, zu verändern oder abzuschaffen sind. Dieses Mechanismus, der die Funktion eines Entlastungsventils hat und von Psychologen als „projektiver Haß" bezeichnet wird, bedienen sich die Mächtigen in einer Gesellschaft oft bewußt und gezielt, um von sich selbst und den von ihnen produzierten Problemen abzulenken und den Volkszorn in andere Bahnen zu leiten.

So braucht fast jede Gruppe ihre Außenseiter, und falls keine da sind, schafft sie sich welche. Was wäre beispielsweise eine Gesellschaft ohne Kriminelle? Die Hüter ihrer Moral könnten nicht das Böse anprangern, um damit zugleich das Gute zu fördern. Und außerdem, „wo sich ein richtiger Schuldiger finden läß, wiegt ein schlechtes Gewissen fast nur noch die Hälfte", meint Rühmkorf. Die als positiv gesehenen Mitglieder dieser Gruppe hätten zudem keine Gelegenheit, wie es Menschen nun einmal zu tun pflegen, sich wohlgefällig auf die Schulter zu klopfen und zu sagen: „Seht, so schlecht kann man sein, aber wir sind gut." Ein Effekt, der auch beim Lesen des Struwwelpeter entsteht und von seinem Autor beabsichtigt war. Es ist nicht nur die pure Schadenfreude, sondern auch Selbstgefälligkeit, die da am Werke ist.

In ähnlicher Weise beobachtet man in der Schule, daß in mancher Klasse ein Außenseiter bewußt oder unbewußt, mit oder ohne Absicht, produziert wird. Der ermöglicht es dann den anderen Kindern, ihn zu verurteilen, womit sie sich selbst in ihrem Ansehen erhöhen können. Außerdem kann man sich an ihm entlasten, denn irgendwo will man den Frust abladen, der sich in der Leistungs- und Sozialsituation einer Klasse für viele ergibt. Dem einen oder anderen Lehrer passen diese Fälle durchaus ins pädagogische Konzept, erhält er doch durch sie die Gelegenheit, seinen Schülern schlechte Beispiele konkret vor Augen zu führen und damit zum positiven Verhalten zu motivieren. Da hilft es auch nicht, solche sogenannten schwer erziehbaren Kinder aus der Klasse zu entfernen; die nächsten wachsen prompt nach! In Familien findet man identische Mechanismen, und manche Gemeinschaft produziert zwangsläufig, wie Sozialpsychologie und Familientherapie zeigen, ihr „Schwarzes Schaf". Alle diese Verhaltensweisen, die einerseits auf atavistischen, instinktiven Resten beruhen, andererseits gelernt werden und sich aus gruppenpsychologischen Konstellationen mehr oder weniger zwangsläufig ergeben, sind kaum oder nur schwer aufzuheben.

Der Niklas als Verkörperung eines Super-Gewissens

Deshalb verwundert es nicht, daß in der „Geschichte von den schwarzen Buben", in der die Vorurteile gegenüber anderen Rassen und Völkern thematisiert werden, nicht die übliche Autoritätsfigur auftritt, wie es Eltern sein mögen. Hier dagegen erscheint, ja *muß* erscheinen, auch zeichnerisch vergrößert und überhöht dargestellt, die „Superautorität" oder der „Alte Gerechte", wie ihn Petrina Stein im schon erwähnten „Peter Struwwel" in der Geschichte von den „drei neidischen Buben" nennt. Durch die überdimensionale Gestalt wird angedeutet, wie schwierig es ist, das Problem zu lösen. Eltern als Gewissensträger und Vermittler genügen keineswegs, weil sie selbst meist Vorurteilen unterliegen und Kinder hier nur Bedenkliches von ihnen und an ihnen lernen können. Da muß schon eine andere Persönlichkeit her, um ihr ganzes Gewicht, das sie mit dieser auch visuell angedeuteten Größe besitzt, in die Waagschale zu werfen. Nur dann besteht überhaupt die Hoffnung, das Gewissen der Menschen anzusprechen und in Bewegung zu setzen. Man geht deshalb wohl nicht fehl in der Annahme, daß diese „Superautorität" das Weltgewissen, eine moralisch-geistige, eine göttliche Macht verkörpert. Ihre Mittel, um die Aufmerksamkeit der Menschen zu erzwingen und sie zur Räson zu bringen, sind die furchterregende Erscheinung, die Warnung und die unmittelbar strafende Aktion. Diese Erhöhung eines ursprünglichen Elternteils in eine geistig-göttliche Figur macht deutlich, aus welchen Ursprüngen sich Religion entwickelt und welche Funktion sie im Aufbau des moralisch-sittlichen Charakters hat. Freud hat hier wichtige Hinweise über die Zusammenhänge von Religion, Gewissensbildung und Vaterersatz in seinen Arbeiten gegeben.

Zunächst bittet und ermahnt Niklas die drei Buben. Doch folgen sie seinen Hinweisen nicht, sondern „lachten ihm ins Angesicht und lachten ärger als zuvor über den armen, schwarzen Mohr". Da packt den Niklas nicht etwa die blinde Wut, sondern der göttliche Zorn. Er nimmt die bösen Buben, steckt sie ins Tintenfaß, wo sie nun wortwörtlich „in der Tinte sitzen", und macht sie schwarz wie die Mohren. Ist es Rache, die ihn hier beseelt? Dies anzunehmen, hieße den Sachverhalt zu verkennen. Die Motive, die den Niklas bewegen, sind anderer Art. Er will, daß die Buben durch diese Strafe, die sie schwarz macht wie den Mohren, sich besser einfühlen in dessen Situation. Sie sollen Empathie entwickeln, wie die Psychologen sagen, mehr Verständnis und vielleicht sogar Solidarität für den Neger aufbringen, der zwar nicht ihre Hautfarbe hat, aber Mensch ist wie sie.

Nun sitzt der Niklas fast selbst in der Tinte

Hier allerdings beginnt ein verzwicktes Problem. „Was kann denn dieser Mohr dafür, daß er so weiß nicht ist wie ihr?", fragt der Niklas die Buben. Abgesehen einmal von dem verniedlichenden Begriff des Mohren, der sich hierzulande oft mit der einprägsamen Werbewirkung des Sarotti-Mohren assoziiert, historisch jedoch auf die Mauren rückführbar ist, ergeben sich Fragen. Im Gegensatz zu der simplen Schwärze des Negers und dessen weitgehender Nacktheit, sind die bösen Buben reich und bunt kostümiert. Der Mohr trägt außer einer roten Hose lediglich einen Sonnenschirm, wobei er in seiner Hilflosigkeit tatsächlich dieses (Schutz-)Schirmes in jeder Hinsicht bedarf. Zur Strafe werden die frechen Jungen in ein großes Tintenfaß getaucht und sind damit „noch viel schwärzer als das Mohrenkind." Jetzt ebenfalls *kohlpechrabenschwarz,* man beachte und würdige dabei diese Wortschöpfung Hoffmanns, sind sie für ihr Vergehen mehr als genug bestraft.

Damit die Schwere der Strafe unterstrichen wird, ist sogar das schmückende Beiwerk, sind auch die drei bunten Paradiesvögel geschwärzt worden.

Doch werden die Buben nun ihrerseits dem Hohn der Kinder ausgesetzt, die Neger als verspottenswerte Außenseiter empfinden. Schwarz sein ist eine Strafe, was besonders durch den Hinweis „Was kann denn dieser Mohr dafür, daß er so weiß nicht ist wie ihr?" unterstrichen wird. Spitzfindig interpretiert könnte man Hoffmann des Rassismus bezichtigen, obwohl gerade er mit der „Geschichte von den bösen Buben" diesen bekämpfen wollte. Aber beweist nicht dieser mögliche Widerspruch die hier aufgestellte These, wie tief solche Vorurteile in uns verwurzelt sind? Selbst da, wo wir uns bemühen, sie aufzuheben, schleichen sie sich durch Fehlleistungen unterschwellig wieder ein! Miris und Oberländer dagegen haben in der heute noch lesenswerten

Struwwelpetriade „Der pädagogisch verbesserte Struwwelpeter" aus dem Jahre 1880 den Sachverhalt klar und eindeutig auszudrücken versucht, wenn sie feststellen,

> „daß auch der Mohr zu achten sei,
> dieweil im weiten Erdenreich
> die Menschenkinder alle gleich,
> ob einer schwarz ist oder weiß,
> ob kalt geboren oder heiß.
> Ein jeder merk' die Lehre, daß
> verwerflich ist der Rassenhaß."

Vom göttlichen Zorn und elterlichen Erziehungshaltungen

Daß Niklas „bös' und wild" wird, die Buben packt und ins Tintenfaß steckt, mag vielen Eltern als Erziehungsmaßnahme unangemessen, vielleicht zu hart oder überholt sein. Aber was ihn bewegt, ist nicht die Verwerflichkeit des „bübischen" und doch so menschlichen Tuns, sondern der Verstoß gegen ein wichtiges, das friedliche Miteinanderleben tragende Prinzip der Toleranz und gegenseitigen Achtung. Hier mit göttlichem Zorn zu reagieren und zu strafen, ist angemessen und, wie wir meinen, auch heute noch nachvollziehbar. Es ist in der häuslichen Erziehung mehr zu empfehlen als das dauernde Auf-die-Kinder-Einreden, wobei die schon längst auf „Durchzug" geschaltet haben. Das ewige Geschimpfe, die permanenten Vorhaltungen mancher Eltern sind zwar in das eine Ohr des Kindes rein, aber aus dem anderen schon längst wieder raus – ohne Wirkungen zu hinterlassen!

Kinder haben ein feines Gespür und die entsprechende Akzeptanz dafür, wenn Vater oder Mutter aus guten Gründen zornig werden und das zum Ausdruck bringen. Dies heißt nicht etwa „aus der Haut zu fahren", zu explodieren und das Kind zu verprügeln, denn solche ungebremsten und an der Sache vorbeizielenden Affekte bleiben nicht ohne nachhaltige Folgen. Sie erzeugen Angst vor den Eltern und ändern sonst gar nichts. Zorn dagegen ist und bewirkt etwas ganz anderes. Hier ist es die Sache und sind es die in der Sache liegenden Umstände selbst, welche die Eltern nicht in eine blinde Wut, sondern in Gemütsbewegungen versetzen, die sich mit pädagogisch gezielten und begründbaren Überlegungen zu angemessenem Verhalten verbinden lassen. Solch ein Zorn, in dem sich Eltern in ihrer wirklichen, ureigensten Persönlichkeit zeigen – und nicht der oft gekünstelt, unecht-freundlich wirkende, moralisierende Tonfall – wird als Urteil und nicht als Verurteilung vom Kind angenommen und als berechtigt erlebt. Eines so gesteuerten „göttlichen Zornesausbruchs" bedarf es zumindest da, wo man Vorurteile und ein Verhalten antrifft, wie es in der Geschichte von den bösen Buben anschaulich dargestellt wird.

St. Nikolaus, der Schutzheilige der Kinder

Warum Hoffmann die Figur des Niklas zur Personifizierung dieses göttlichen Gewissens und der moralisch-sittlichen Instanzen wählte, bedarf weiterer Überlegungen. Hierzu gibt es mehrere Erklärungen, von denen wir zwei aufgreifen und detaillierter besprechen wollen.

St. Nikolaus ist der Schutzheilige der Kinder und Schüler. Von ihm erzählt man sich die Geschichte, daß er drei fahrende Schüler aus einem Bottich befreite, in dem ein betrügerischer, böser Wirt sie eingesalzen gefangenhielt. Bei Hoffmann wird umgekehrt ein Schuh daraus: Hier taucht Niklas – in einem Taufzeremoniell besonderer Art – die Buben ins Tintenfaß. Ein didaktischer Kunstgriff, dem man in der Form der Verkehrung ins Gegenteil im Struwwelpeter oft begegnet. Einerseits ist der Nikolaus die positiv-schützende Instanz, andererseits bestraft er Kinder, die ungehorsam, böse oder voller Vorurteile sind. Gut und Böse, Lob und Strafe liegen so dicht beeinander, daß sie sich durchaus in einer Gestalt zugleich personifizieren lassen; in einer Persönlichkeit, deren Omnipotenz sich für Hoffmann als derart attraktiv erweist, daß er sie zur Darstellung dieser „Super-Autorität", des Weltgewissens, wählt.

Was haben Despoten mit dem Struwwelpeter zu tun?

Eine weitere Bedeutungsschicht zeigt möglicherweise einen politischen Aspekt, der sich sowohl an Namen und Kleidung als auch an den aktuellen politischen Verhältnissen der Zeit festmacht. Vielleicht verweisen die russische Mönchskutte und die Kosakenmütze auf Zar Nikolaus den Ersten, der von 1825 bis 1855 – in der Zeit, da Hoffmann seinen Struwwelpeter schrieb – als „Oberzensor und Gendarm" die politische Entwicklung Europas beeinflußte. Er war die beherrschende Figur der Heiligen Allianz, der europäischen Staaten, die einst von Napoleon unterjocht sich gegen diesen zusammengeschlossen und ihn gestützt hatten. Dieser Zar versuchte, und das allerdings, nachhaltiger als andere, durch geschickte politische Schachzüge, Rußland einen Zugang zu warmen Gewässern zu verschaffen, indem er sich erfolgreich in türkische Auseinandersetzungen einmischte. Damit hoffte er, „den kranken Mann am Bosporus" weiter zu schwächen und die Dardanellen, den potentiellen Zugang für Rußland zum Mittelmeer, zu seinem Einflußgebiet zu machen. Daß dies von den anderen Mächten Europas, vor allem England und Frankreich, nicht unwidersprochen hingenommen werden konnte, lag auf der Hand und führte zu vielerlei politischen Komplikationen. Es könnte durchaus ein, spekuliert man, daß mit diesen drei bösen Buben auf Staaten wie Frankreich, Österreich oder England angespielt wird, die nun auf diese Weise symbolisch vom Zaren bestraft werden. Man mag solche Interpretationen als zu weit hergeholt ansehen.

Doch wird auch Hoffmann nicht frei von den Einflüssen seiner Zeit gewesen sein, und manches mag ungewollt und unbeabsichtigt mit in die „Kindergeschichten" geflossen sein, was auf die Tagespolitik verwies oder ihr entnommen war.

Daß solche Deutungen ihre Berechtigung haben mögen, erweist ein Beispiel aus der jüngsten Zeitgeschichte. Bereits erwähnt wurde die Tatsache, daß der Struwwelpeter bald Eingang in die politische Diskussion gefunden hat und seine Figur in Struwwelpetertravestien benutzt wurde, um Politiker, Könige und Kaiser, Despoten und Revolutionäre auf diese Weise bloßzustellen. Eine Struwwelpeter-Parodie, der „Struwwel-Hitler" aus dem Jahre 1941 von Robert und Philipp Spence, zeigt einen Hitler, im äußeren Erscheinungsbild dem Struwwelpeter gleich, der mit blutbefleckten Händen, wildem Gebaren und bösem Verhalten als die aggressive, negative Kraft dieser Zeit gebrandmarkt wurde. So gesehen war der Struwwel-Hitler ein Propagandabuch gegen Nazi-Deutschland. In ihm gibt es in der Parodie „Die Geschichte von den Nazi-Buben", die das Thema der bösen Buben aufgreift und entsprechend variiert, ein interessantes Pendant zum Niklas, nämlich einen anderen russischen Despoten, wiederum in überhöhter, riesenhafter Darstellung und gekleidet in einer Kosakenuniform. Es ist Diktator Stalin, der die drei bösen Buben Hitler, Goebbels und Ribbentrop wegen ihrer politischen Missetaten in ein Tintenfaß taucht. Dieser Struwwel-Hitler wurde allerdings getextet und gezeichnet, als der (Ver-)„Führer" gerade begann, Rußland anzugreifen. Die Sowjetunion hatte sich bislang mit dem Hitler-Stalin-Abkommen Deutschland gegenüber zur Neutralität verpflichtet gefühlt. Die Engländer erlebten diese Vereinbarung, über die viel gerätselt und diskutiert worden ist, damals so, daß ein Russe die den Europäern von Deutschland aufgezwungene Politik mindestens mit beeinflußt, wenn nicht sogar indirekt dominiert hat, weshalb die beiden Spence ihre Geschichte enden lassen:

„Wie gut, daß ich, sprach Ribbentrop,
mir Schreibzeug in die Tasche schob.
Mag Goebbels deutsch von Treue sprechen –
ich denke: Pakte sind zu brechen!
Und mittels Josephs großer Feder
gab seine Unterschrift ein jeder.
So wurde er perfekt, der Pakt –
Doch Joseph erst den Adolf packt,
dann die zwei anderen Subjekte,
die er ins Tintenfaß steckte;
auch wenn zunächst sie sich noch wehrten
und ungefärbt zu geh'n begehrten –
die rote Tinte zog doch Fährten.
Und schaut: Da seht ihr sie marschieren.
Den Bolschwisten mußt' es amüsieren.
Genosse Joseph hat sie rot betintet,
was dann die Welt zum Kotzen komisch findet:
Wenn innerlich auch braun noch immer –
die Haut zeigt fälschlich einen roten Schimmer!"

Wie man diese strittigen Versionen und auch die Figur des Niklas deuten mag, mit der Geschichte von den schwarzen Buben erweist sich der Struwwelpeter nach über 150 Jahren als aktuelles Buch. Die Fragwürdigkeit von Vorurteilen, von Rassenhaß und Isolierung der Randgruppen wird so kindgemäß aufbereitet, wie es bisher anschaulicher nicht gelungen ist. Die damit erhobene Toleranzforderung allein schon berechtigt, Hoffmanns Struwwelpeter wieder aus dem „Giftschrank der Pädagogik" herauszuholen und sich erneut mit ihm zu beschäftigen.

Kapitel V

Die Geschichte vom wilden Jäger

Hase werden ist nicht schwer,
Häschen sein dagegen sehr

oder

Die Identifikation mit dem Aggressor

Männer sterben samstags

„Plötzlich und unerwartet" sterben die meisten Männer an einem Samstag, mehr als an jedem anderen Wochentag. Das fanden Mediziner der Mayo-Klinik in Rochester/USA in einer 25jährigen Studie heraus. Sie hatten über 1000 durch Herzattakken verursachte Todesfälle untersucht und dabei die erstaunliche Häufung an Wochenenden festgestellt. Den zweiten Rang dieser traurigen Wochen-Statistik nimmt der Sonntag ein, während am Freitag die wenigsten Männer sterben.

Die Gründe – so die Mayo-Forscher – könnten einerseits im übermäßigen wochenendlichen Essen und Trinken bestehen. Oder aber darin, daß die Familie einen größeren Streßfaktor darstellt als die Arbeit.

(„Psychologie heute", Februar 1983)

Die Geschichte vom wilden Jäger.

Es zog der wilde Jägersmann
Sein grasgrün neues Röcklein an;
Nahm Ranzen, Pulverhorn und Flint'
Und lief hinaus ins Feld geschwind.

Er trug die Brille auf der Nas'
Und wollte schießen tot den Has.

Das Häschen sitzt im Blätterhaus
Und lacht den wilden Jäger aus.

Jetzt schien die Sonne gar zu sehr,
Da ward ihm sein Gewehr zu schwer.
Er legte sich ins grüne Gras;
Das alles sah der kleine Has.
Und als der Jäger schnarcht' und schlief,
Der Has ganz heimlich zu ihm lief
Und nahm die Flint' und auch die Brill'
Und schlich davon ganz leis' und still.

Die Brille hat das Häschen jetzt
Sich selbst auf seine Nas' gesetzt
Und schießen will's aus dem Gewehr.
Der Jäger aber fürcht' sich sehr.
Er läuft davon und springt und schreit:
„Zu Hilf', ihr Leut', zu Hilf', ihr Leut'!"

Da kommt der wilde Jägersmann
Zuletzt beim tiefen Brünnchen an.
Er springt hinein. Die Not war groß;
Es schießt der Has die Flinte los.

Des Jägers Frau am Fenster saß
Und trank aus ihrer Kaffeetass'.
Die schoß das Häschen ganz entzwei,
Da rief die Frau: „O wei! O wei!"
Doch bei dem Brünnchen heimlich saß
Des Häschens Kind, der kleine Has.
Der hockte da im grünen Gras;
Dem floß der Kaffee auf die Nas'.
Er schrie: „Wer hat mich da verbrannt?"
Und hielt den Löffel in der Hand.

So wild, wie er aussieht, ist der Jäger nicht

Das ist schon eine lustig-komische Geschichte, die vom Wilden Jäger! Es fällt auf, daß dieser trotz seiner langen, geradezu furchterregenden Flinte eigentlich gar kein so wilder Jäger ist. Eher gleicht er einem Kinderschreck, einer Schießbudenfigur, einem Popanz, den irgend jemand aus bestimmten Gründen als Autoritätsfigur aufgebaut hat. Seine Frau scheint ihn auf die Jagd geschickt zu haben, damit sie ihn endlich einmal los ist, um in Ruhe ihren Kaffee zu trinken, wie es die schon zu Zeiten Hoffmanns belächelten Kaffeetanten so gern taten; eine Angewohnheit, die damals in Mode kam. Vielleicht will dieser Pechvogel seiner Frau nur zeigen, was für ein gestandener Mann er ist, wenn er tapfer auf die Jagd geht. Imponiergehabe des angeblich starken vor dem schwachen Geschlecht; Mutmaßungen über den wilden Jäger, wir wissen es nicht. Was nicht zu übersehen ist: Er trägt eine Brille, ist wohl kurzsichtig. Es besteht durchaus die Gefahr, daß er statt des Hasen einen Treiber trifft. Einer der Kräftigsten scheint er nicht zu sein; ein Schlappmatikus in einem „grasgrünen Röckchen", dem bald das Gewehr zu schwer ist, der schnell müde wird und sich deshalb vorzeitig ausruhen muß. Von Tapferkeit kaum eine Spur, denn wenn es brenzlig wird, läuft er einfach davon. Kurzum, kein wilder Jäger, sondern eher ein komischer Typ. Ohne die Insignien seiner Macht, ohne die Brille als mögliches Kennzeichen von Umsicht, Übersicht und Intelligenz und ohne seinen überdimensionalen Schieß*prügel* fast schon eine traurige Gestalt. Jedenfalls einer, dem man zumindest hinter seinem Rücken eine lange Nase macht, der ausgelacht wird. Respekt scheinen weder Hase noch Häschen vor ihm zu haben.

Etwas über die Identifikation mit dem Aggressor

Eine Geschichte ganz nach dem Herzen der Kinder. Die Schadenfreude kommt nicht zu kurz; hier können sie sich amüsieren und lachen. Weder werden sie in Angst und Schrecken versetzt, wie in den Episoden zuvor, noch ist ein seelischer Schock auch nur annähernd zu befürchten. Alles ist eitel Freude und Sonnenschein. Damit fällt der Wilde Jäger völlig aus dem Rahmen der anderen Erzählungen. Es siegt nicht, wie sonst üblich, die Autorität. Kein bedauernswertes Kind wird für seine Unarten bestraft. Es werden nicht einmal kindliche Fehlhaltungen angedeutet, geschweige denn ausgemalt.

Wie ist Hoffmann auf diese Idee gekommen, und warum placiert er sie in die Mitte des Buches? Irgendwie scheint sie ein Bruch in der Abfolge und dem Inhalt des Struwwelpeter zu sein. Zufall, Absicht, und wenn, etwa ein didaktischer Kunstgriff?

Bevor wir diese Fragen beantworten können, ein kurzer Blick auf das Szenarium zuvor und auf das, welches dem Wilden Jäger folgt. In der Geschichte von den Schwarzen Buben gab es diese riesengroße, angsteinflößende Autoritätsfigur des Niklas, davor das brennende Paulinchen und der vom Hund furchtbar zugerichtete, bitterböse Friederich. Dies alles waren offensichtlich Ereignisse, die weder zum Frohlocken noch zur Entspannung oder Freude des Kindes beitragen konnten. Danach hat man das Gefühl: Jetzt ist der Moment gekommen, wo es eigentlich einmal anders langgehen müßte, zumal die schlimme Geschichte vom Daumenlutscher Konrad unmittelbar danach ins Haus steht. Wenn jetzt keine Pause im Erschrecken folgt, nicht endlich die Angst unterbrochen, das Gemüt des Kindes entlastet wird, könnten Frustration und Furcht so groß werden, daß Kinder die Lust am Betrachten und Weiterlesen verlieren und sich vom Buch abwenden. Dann wäre der Faden gerissen, das Interesse und die Motivation für den Struwwelpeter dahin. Nun zeigt sich Hoffmann wieder einmal als praktischer Psychologe, der es im rechten Moment versteht, das Thema zu wechseln, die Rollen zu vertauschen. Aus dem Starken wird der Schwache, und der Hilflose entwickelt sich zum Mächtigen. Um solch eine „verkehrte" Welt geht es im Wilden Jäger.

Anna Freud, die Tochter des bekannten Psychoanalytikers, hat die hier zur Diskussion stehenden psychologischen Mechanismen als „Identifikation mit dem Aggressor" bezeichnet. Das meint nichts anderes, als daß aus dem Gejagten, der sich mit seinem Aggressor identifiziert, indem er ihn imitiert oder sich die Insignien seiner Macht aneignet, der Verfolger wird, fähig nun selbst auf die Jagd zu gehen. Was auf den ersten Blick nicht wahrnehmbar war, weil ganz anders verpackt: Auch in dieser Geschichte werden Themen wie Identifizierung, Aggressivität, Gewalt und Macht in den Beziehungen zwischen Menschen angesprochen. Das alles wird aber so codiert, daß es wie „software" wirkt und spaßig dazu. Deshalb hat Hoffmann Tiere gewählt, um seine Ware „besser an den Mann", oder treffender gesagt, an die Kinder zu bringen und ihnen damit Identifikationsfiguren anzubieten, zu denen sie ohne Vorbehalte und spontan ja sagen können, selbst wenn es nur (Angst-)Hasen sind.

Die Flinte als Symbol von Macht

Die Familienmitglieder sind wie in den meisten Geschichten Hoffmanns indirekt dabei: Mit dem Jäger ist der Vater gemeint, ihm zugeordnet eine große Flinte, die zu phallischen Assoziationen anregt. In einer Diskussion mit Kindern bemerkte ein Mädchen intuitiv und neidisch-bewundernd: „Vielleicht handelt es sich um eine schöne Aus- und Einfahrflinte" (!). Es war Georg Christoph Lichtenberg, der scharfsinnig wie in vielen seiner Bemerkungen darauf verwies, daß die wichtigsten Dinge im Leben durch Röhren getan werden: den Federhalter, das Gewehr und die Fortpflanzungsorgane. Die Mutter ist – diesmal ohne verschlüsselt worden zu sein – die Kaffeetrine; die Kinder agieren in der Hasenrolle. Wiederum begegnen wir in dieser Geschichte dem von Hoffmann gewählten psychologischen Mechanismus der Verkehrung ins Gegenteil. Der starke

Vater wird zu einem Jäger, in dem man schon drei Meilen gegen den Wind den Angsthasen wittert; das Kinder, der eigentliche Angsthase, bringt das Schießeisen und damit die Macht an sich. Der alten, abgewirtschafteten Autorität wird diese neue Kraft schon zeigen, wo's langgeht. Richtig wohltuend für jeden Leser, daß nach dem Super-Niklas jetzt ein Jäger erscheint, vor dem sich niemand mehr zu fürchten braucht. Er wird schnell müde und schläft ein. „Todmüde" sagt man auch von jemand, der keine Kraft mehr hat. Im psychoanalytischen Denken bedeuten Schlaf und Tod für eine Person oft das Gleiche. In vielen afrikanischen Sprachen gibt es für Schlaf keine Vokabel, sondern schlafen wird durch die Umschreibung „halb tot sein" ausdrückt. Der Vater ist bildlich gesprochen tot. Er hat abgedankt, seine Rolle mehr oder weniger freiwillig aufgegeben. Im Augenblick dieser Ohnmacht, als er vielleicht gerade träumt, wie jung und stark, wie treffsicher und erfolgreich als Jäger er noch sei, verliert er die Zeichen seiner Autorität und Macht. Schießprügel und Brille werden vom Hasen entwendet. Damit sind die Rollen endgültig vertauscht.

Wie aus dem Jäger der Gejagte wird

Man weiß aus der Beobachtung von Kindern, wie gern sie sich im Spiel verkleiden. Sie nehmen die Kleider der Erwachsenen, auch wenn die Rockärmel zu lang, die Hosen zu weit sind und der Hut auf die Nase rutscht. Erwachsene werden imitiert, da wird Hochzeit gespielt oder ein Theaterstück vorgeführt; eine geeignete Übung für Verhaltensweisen, eine spielerische Vorwegnahme der Techniken, die das spätere Leben von ihnen verlangt; Erprobung von Rollen, die man als Erwachsener beherrschen sollte. Gleichzeitig bedeutet das Aneignen der Kleidung auch Abwehr von Angst vor jemand, dem sie eigentlich gehört. Psychotherapeuten erklären auf diese Weise manche Formen des Fetischismus und der Transvestie.

Ohne das Thema vertiefen zu wollen, so geht das auch hier: Der Hase hat schließlich die Flinte in der Hand und im Anschlag, aus dem Jäger wird der Gejagte, aus dem Gejagten der Jäger. Jetzt bekommt er endlich zurück dieser Vater, was er an Leid, Kränkung und Gewalt dem Schwächeren, dem Kind angetan hat. Nun ist er dran! Soll er mal sehen, wie das so ist, wenn . . . Wahrlich, eine Geschichte, die Kindern ein Riesenvergnügen bereitet, denn Rache – in dieser harmlosen Form – kann man guten Gewissens und ohne Reue genießen.

Aber bekommt der Vater es wirklich so heimgezahlt, wie er es nach den Phantasien und heimlich-versteckten, zwiespältigen Wünschen der Kinder verdient hat? Sucht man nach einer Antwort, dann wird die Geschichte bedeutungsvoller, als man zunächst vermuten konnte. Der Hase schießt; aber keine Angst, das Ödipus-Drama wiederholt sich nicht; der Vatermord findet nicht statt! Zu stark ist das Tabu, zu massiv die immer noch wirkende Autorität der Vaterfigur, sowohl der realen, als auch der, die man als Gewissen nun schon verinnerlicht, internalisiert hat. Die Kugel verfehlt das Ziel.

Aber sollte sie wirklich ihn, der doch schon „ohn-mächtig" und bereits auf der Flucht ist, überhaupt noch treffen? Wenn nein, war es nur ein Warnschuß, oder ist ganz etwas anderes ins Visier genommen worden? Auf diese wichtige Frage wird zurückzukommen sein. Jedenfalls stürzt sich der Vater in den Brunnen, verschwindet sozusagen in der Versenkung. Eine Art von Deus-ex-machina-Spiel, bei der auf elegante Weise die noch zu gefährliche Konfrontation mit der alten Macht vermieden und auf ungefährliche Art gelöst wird, so daß kindliche Schuldgefühle erst gar nicht aufkommen. Dabei behält man sein gutes Gewissen, wird nur schuldlos schuldig. Über die dem Tatbestand zugrundliegende Ambivalenz des Kindes seinen Eltern gegenüber hatten wir in der Geschichte vom bitterbösen Friederich bei der Erklärung, wie eine Hundephobie entsteht, manches festgestellt.

Oder das Ganze auf andere Weise gedeutet: Eines Tages übernimmt man als Erwachsener die Rolle des Vaters, der dann aufs Altenteil muß. Entblößt von den Zeichen seiner Macht, alt und gebrechlich geworden, macht er sich selbst überflüssig, verläßt, wenn auch in diesem Fall auf noch halbwegs elegante Weise den Ort des Geschehens. Da kommt der Brunnen dem Hoffmann natürlich wie gerufen. In Märchen – und als solche sieht er seine Geschichten – verlassen gefährliche, angsterregende Autoritäten letzten Endes meist so die Szene – zumal sie im übertragenen Sinne bei der Geburt diese auf solchem Weg auch betreten haben. Wie beim Rotkäppchen, dem Wolf und den sieben Geißlein geht's mit ihnen schließlich doch (wieder) ab in den Brunnen, die Grube und Gruft. Weg ist die Bedrohung, frei ist man dann von Bevormundungen, Unselbständigkeiten, Abhängigkeit und Gefahr. Autonomie und Emanzipation sind für die Heranwachsenden ab jetzt angesagt. Wie schön und beruhigend für das lesende und sich noch in elterlicher Abhängigkeit befindliche Kind!

Der König ist tot, es lebe der König

Greifen wir die vorhin gestellte Frage auf, wer denn ins Visier genommen wurde, wenn die Kugel dem Vater nicht galt. Natürlich wird etwas getroffen: Die Kaffeetasse der Frau – wie schon beim bösen Friederich kriegt die es immer zuerst! Das Häschen schwingt zwar fröhlich seinen Löffel, denn es ist noch Kind und braucht nicht wie der alternde Mensch in absehbarer Zeit „seinen Löffel abzugeben", wie eine Redensart lautet. Der Inhalt der Tasse aber ergießt sich über ihn. Das wird ihm wahrscheinlich recht wehtun, zumal man sich an heißem Kaffee verbrühen kann. Zu tragen hat die Folgen des Rollenwechsels das Häschen, der Kleine, das schwächste Glied in der Kette. Das hörten wir doch schon einmal, nämlich in der Geschichte vom bösen Friederich. Jedoch geht es hier noch um mehr: Der

König ist tot, es lebe der König! Wenn man so will, ist die alte Ordnung wieder hergestellt. Aus dem früheren Häschen ist der mächtige Hase geworden, der flugs dafür sorgt, daß die nächste Generation ihr „Fett" abbekommt. Das alte Spiel hat mit neuer Besetzung begonnen. Was zunächst wie eine Befreiung, ein Aufbrechen von festgefahrenen Rollen, von überkommenen, möglicherweise unbrauchbaren Verhaltensweisen aussah, es erweist sich nun als „alter Wein in neuen Schläuchen". Zwar ist der Schuß glücklicherweise nicht nach hinten, sondern nach vorn, aber wieder nach unten, gegen die Schwächeren, gegen den Nachwuchs losgegangen. Ob das wohl ein Zufall war? Da ist er jedenfalls wieder, der alte, nun neue Supermann, der Große, der über den Kleinen das Sagen hat, der ihn trifft und trimmt. Tatsächlich, der Vater ist verschwunden, ohne die Bühne verlassen zu haben. Er lebt mit seinen Schwächen und Stärken in der nächsten Generation und ihrem Gewissen, das sie seiner Erziehung verdankt, fort. Das uralte Spiel von Macht und Ohnmacht, von Schlagen, Wegstecken oder Zurückschlagen, es wiederholt sich permanent: Wie die Alten gesungen, so zwitschern auch hier die Jungen.

Realitätsgerechter scheinen da Miris und Oberländer zu urteilen, wenn sie ihre „Geschichte vom mitleidigen Jäger", der es nichts übers Herz bringt, auf einen Hasen zu schießen, deshalb von diesem verhöhnt und verspottet wird und sich vor Scham in den Brunnen stürzt, so schließen:

> „Ein Tor ist, wer da Mitleid spürt!
> Denn, wenn der Has' ein Jäger wär'
> und umgekehrt von ungefähr.
> glaubt Ihr, es würde von Millionen
> ein Hase wohl den Jäger schonen?!
> Drum Knabe, willst du glücklich sein,
> denk' immer nur an dich allein."

Aber lassen wir diesen Abstecher in auch unseren Ohren zu kraß klingenden Egoismus. Vielleicht ist dieser nur auf dem Hintergrund seiner Zeit, des „Wilhelminischen" Deutschlands, des geeinten Reiches von 1871/72 zu interpretieren: Man war wieder wer, weshalb Mitleid Schwäche schien und Sich-Durchsetzen Trumpf war. Daß diese Überkompensation, diese kraftmeierische Darstellung besonderer Größe sowohl im individuellen Bereich als auch im gesellschaftlich-politischen Geschehen der zwar oft begangene, deshalb aber noch lange nicht der richtige Weg, die klügere Wahl ist, die meisten von uns haben es vor noch nicht fünfzig Jahren schmerzlich erfahren müssen. Wie wohltuend doch dagegen die Feststellung Bertold Brechts: „Unglücklich ist das Land, das Helden braucht!"

Eigentlich gehört, möchte man denken, die Geschichte vom Wilden Jäger wie ursprünglich die Struwwelpeterfigur an den Schluß des Buches. Was als Widerstand, Protest, Aufbäumen und Aufruhr begann, dann durch Erziehung und Gesellschaft getrimmt und zurechtgestutzt wurde, produziert nach Übernahme der Macht schließlich einen neuen Struwwelpeter. Eine Kette ohne Ende, würde sie nicht durch eine humanere Haltung in der Erziehung, durch Mitgefühl und Mitleid, durch eine positive Akzeptanz der kindlichen Persönlichkeit durchbrochen und auf diese Weise der Erziehungskrieg zwischen den Generationen eingestellt. Gehen wir deshalb davon aus, daß der Schuß in die falsche Richtung ging und nicht die nächste Generation treffen sollte. Wie heißt es doch so schön in Romanen: Ähnlichkeiten der Handlungen oder Personen mit real existierenden Gegebenheiten sind rein zufällig und nicht beabsichtigt! Damit würde die Geschichte dann doch noch zu einem positiven Erlebnis, das richtig placiert, adäquat angeboten und bedacht, allen Entspannung und Vergnügen bereitet.

Kapitel VI

Die Geschichte vom Daumenlutscher

Kindliche Bedürfnisbefriedigung als Lust und Frust

oder

So macht Gewissen Feige aus uns allen

Kastrationsangst, -komplex ist nach Freud die Furcht des Knaben, seine Sexualorgane, oder des Mädchens, nach der angeblichen Erkenntnis des Fehlens eines (männlichen) Sesexualorgans auch noch andere Körperteile zu verlieren. Kastrationsangst tritt in der frühen genitalen Phase im Anschluß an die Behinderungen und Bedrohungen – die wegen der Gehemmtheit des Kindes nicht bes. deutlich sein müssen – der genitalen Eigenstimulationsmotive und der genitalenheterosexuellen Interessen an Familienmitgliedern auf. (Kastrationskomplex) – Kastrationsangst ist die mildeste der infantilen Ängste. In der analen Phase entwickelt das Kind die Furcht, grob verstümmelt oder überhaupt getötet, zerschmettert oder zerquetscht zu werden, in der oralen Phase die Furcht, aufgefressen, verschlungen, in der Substanz aufgelöst zu werden.

(„Lexikon der Psychologie", Herderstudien 1976)

Die Geschichte vom Daumenlutscher.

„Konrad!“ sprach die Frau Mama,
„Ich geh' aus und du bleibst da.
Sei hübsch ordentlich und fromm,
Bis nach Haus ich wieder komm'.
Und vor allem, Konrad, hör'!
Lutsche nicht am Daumen mehr;
Denn der Schneider mit der Scher'
Kommt sonst ganz geschwind daher,
Und die Daumen schneidet er
Ab, als ob Papier es wär'.“

Fort geht nun die Mutter und
Wupp! den Daumen in den Mund.

Bauz! da geht die Türe auf,
Und herein in schnellem Lauf
Springt der Schneider in die Stub'
Zu dem Daumen-Lutscher-Bub.
Weh! Jetzt geht es klipp und klapp
Mit der Scher' die Daumen ab,
Mit der großen scharfen Scher'!
Hei! da schreit der Konrad sehr.

Als die Mutter kommt nach Haus,
Sieht der Konrad traurig aus.
Ohne Daumen steht er dort,
Die sind alle beide fort.

Eine wirklich schlimme Geschichte

Das scheint die schlimmste aller Darstellungen zu sein, die Hoffmann sich ausgedacht hat: Ein Junge, dem vom Schneider mit einer riesigen Schere die Daumen abgeschnitten werden! Ist es etwa die Rache für den in der Geschichte zuvor vollzogenen Mordversuch am Vater? Jedenfalls ein entsetzlicher Gedanke für jedes Kind, für Mädchen und Jungen, das so etwas geschehen könnte. Beschädigung, Verletzung, Verstümmelung, Verlust, all dies mag der Grund sein, weshalb Konrad, der Daumenlutscher, den meisten – auch wenn sie inzwischen Erwachsene sind – im Gedächtnis geblieben ist. Kein Wunder, daß diese Geschichte schon bald nach dem Erscheinen des Struwwelpeter besonders heftig kritisiert wurde. Bei Miris und Oberländer gibt es 40 Jahre später an dieser Stelle deshalb keinen blutrünstigen Schneider. Sie lassen von vornherein den Konrad sagen: „Daumenlutschen macht sich schlecht, klüger ist's, ich laß' es sein, wenn ich jetzt auch bin allein." Statt dessen wendet der Junge sich dem Buch „Das logische Denken" und Wissenschaften wie der Algebra und Geometrie zu.

Vom Lustgewinn aus erogenen Zonen

Daß dagegen Hoffmanns Konrad – wupp – den Daumen in den Mund nimmt, verweist auf eine Entwicklungsstörung, der Schwierigkeiten in der Kind-Umweltbeziehung zu Grunde liegen. Daumenlutschen ist bei Kleinkindern zwar ein normaler Vorgang. Selbst bei Erwachsenen ist es in allerdings anderer, lavierter Weise noch zu beobachten. Sie genießen anstelle des Daumens ihre Zigaretten, Zigarren, Tabak-Pfeifen oder genehmigen sich ein Glas Alkohol. Würde man sie deshalb mit dem Etikett anormal versehen, gäbe es heftige Proteste.

Es sind Fotos veröffentlicht worden von Kindern, die sich noch im Mutterleib befinden und dort bereits am Daumen lutschen.

Dies ist also eine ursprüngliche, schon im Uterus feststellbare Bedürfnisbefriedigung, die zunächst eine entwicklungsfördernde Funktion hat. Babys stecken, wie jeder beobachten kann, alles Erreichbare in den Mund. Sie ertasten auf diese Weise ihre Umwelt. Der Mund wird zu einem sensiblen Bereich, über den man wichtige Sachverhalte aufnimmt und verarbeitet. Freud hat in dem Zusammenhang auch vom „*Lustgewinn* aus erogenen Zonen" gesprochen. Eine erogene Zone ist der Mund für die Kleinen und die Großen. Dieser Lustgewinn bildet die Basis für wichtige Motivationen, den Aufbau intelligenten, situationsangemessenen Verhaltens, die erotische Entwicklung und für die Gestaltung von Liebesbeziehungen, um nur einiges zu nennen. Dazu ließe sich aus dieser Perspektive eine ausführliche entwicklungspsychologische Betrachtung herleiten, beginnend vom Saugen an der Mutterbrust, über Informationen, die man vom eigenen Körper und der Umwelt gewinnt, bis hin zum ersten Kuß Verliebter, der später bei Liebenden mit größerer Erfahrung sich auf jeden nur möglichen Teil des Körpers erstreckt. Zur Bedeutung des Kusses haben Psychologen und Schriftsteller – beispielsweise Henry Stendhal in seinem Buch „De l'amour" – eine umfangreiche beschreibende und erklärende Literatur vorgelegt.

Festzuhalten wäre zum besseren Verständnis der Konrad-Geschichte: Der Mund ist nicht nur Erkundungs- und Kontaktorgan, sondern führt lustvolle und unlustvolle Spannungen ab und beruhigt auf diese Weise den Organismus. Kleinkinder beginnen damit in unlustgetönten Situationen wie Langeweile, Trennung von den Eltern, Alleinsein und Einschlafsituationen, bei Dunkelheit und Angst. Babys saugen an allen erreichbaren Körperstellen und Gegenständen, wenn ihr Hunger nicht schnell genug gestillt wird. Aus diesem zunächst normalen, biologisch und entwicklungspsychologisch notwendigen Verhalten wird aber ein anormales, wenn es sich zur Angewohnheit ausbildet und der Mensch es auch in späterem Lebensalter beibehält.

Daumenlutschen als Hinweis auf Beziehungsstörungen

Es gibt eine Reihe von Gründen, die zu diesem Fehlverhalten führen: Da ist einmal das Bedürfnis des Kindes nach Zärtlichkeit, welches nicht befriedigt worden ist oder nicht gestillt werden konnte, weil es sich als unersättlich erwies; dann gibt es Mütter, die ihre Kinder mehr oder weniger bewußt ablehnen, sogar eine gewisse Feindseligkeit ihnen gegenüber entwickeln; mitunter sind Eltern – psychisch und/oder physisch – zu oft abwesend, was vom Kind registriert und negativ verarbeitet wird. Über die Berufstätigkeit von Müttern ist in diesem Zusammenhang manches Vernünftige, aber auch viel Mißverständliches oder Falsches geschrieben worden. Wir wissen heute mit Sicherheit, daß weniger die Dauer ihrer Abwesenheit sich schädigend auf ein Kind auswirkt. Entscheidend ist, mit welchen Gefühlen und in welcher Intensität die Mutter während ihrer Anwesenheit sich mit dem Kind beschäftigt. Nicht der quantitative, sondern der qualitative Aspekt gibt hier den Ausschlag.

Kinder erproben das Reaktionsschema oraler (Ersatz-)Befriedigung recht früh und geben es auf, wenn sie ihre Bedürfnisse als hinreichend befriedigt erleben und auch sonst sich überwiegend glücklich und zufrieden fühlen. Treten in den Lebensumständen oder in ihren emotionellen Beziehungen Störungen auf, dann neigen sie dazu, auf ursprüngliche, längst abgelegte Verhaltensweisen zurückzugreifen. Psychologen sprechen von einer „Regression auf infantile Teilstrukturen". Sie kennzeichnen damit eigentlich nur den Versuch des Kindes oder Heranwachsenden, sich über einen als unangenehm erlebten Zustand hinwegzutrösten. Menschen greifen beispielsweise zum Wein, wenn ihnen der Frust zu groß erscheint und sie damit nicht fertig werden. Wird diese Art von Ersatzbefriedigung beibehalten, dann chronifiziert sich solches Fehlverhalten, führt zu Alkoholismus oder Drogenabhängigkeit, wobei das eine so bedenklich wie das andere und Daumenlutschen dagegen noch harmlos ist.

Betrachtet man auf diesem Hintergrund Konrads Leidensgeschichte, regt das zu zahlreichen Überlegungen an. Da ist einmal die Mutter, die „Frau Mama". Zweifelsohne eine Respektperson, deren Autorität noch durch den drohend erhobenen Zeigefinger und das betonte Zeigen des Schirmes verstärkt wird. Eine fast männliche Mutter, möchte man denken, unterstellt man dem erhobenen Schirm die Bedeutung des Phallussymbols, zumal ein Vater in dieser Situation zunächst nicht in Erscheinung tritt. Vielleicht glaubt diese Frau, hier den Vater ersetzen und deshalb besonders konsequent und streng mit Konrad umgehen zu müssen. Eventuell bedient sie sich solcher Autoritätsfiguren, zu denen Schneider, Schornsteinfeger und Weihnachtsmänner gemacht werden, weil sie ahnt, daß ihre Anweisungen sonst wenig Chancen haben, beachtet zu werden. Das macht nicht nur diese Mutter; viele Erwachsene drohen auch heute noch, wenn sie um ihre Autorität fürchten, mit ähnlichen „Buhmännern" bis hin zur Familienfürsorge, Erziehungsanstalt, Polizei und Staatsgewalt.

Da steht er nun, der arme, traurige Konrad, dem man nachfühlen kann, wie er zwischen der Bedrohung durch seine Mutter und dem Wunsch nach Geborgenheit und Bestätigung hin- und hergerissen wird. Die vom Betrachter des Bildes abgewendete und damit auch für diesen „gesichtslose" Mutter entspricht sicher nicht dem Ideal von Fürsorge und Zuwendung, noch wird sie ihrem Sohn Gefühle von Sicherheit und Geborgenheit vermitteln. Man kann wohl davon ausgehen, daß sie eher als das Gegenteil erlebt wird: Bedrohung, Aggression, das permanente Erlebnis von Verlust eines undefinierbaren, aber notwendigen Gefühls von Zufriedenheit und Glück. Daß der relativ große Junge noch am Daumen lutscht, sich das überhaupt angewöhnt hat, es nicht mehr lassen kann, daran fixiert ist oder in dieser Situation wieder darauf zurückgreift, wen wundert es! Jedenfalls ist es in dieser zeichnerischen Darstellung, textlichen Kürze und Präzisierung – „ich geh aus und du bleibst da" – eine zutreffende Darstellung des unheilvollen Zusammenwirkens von mütterlichen Fehlhaltungen und darauf aufbauenden kindlichen Fehlverhaltens. Ein klassisches Beispiel, wie sich aus Beziehungsstörungen zu Eltern Entwicklungsstörungen bei Kindern ergeben können. Halten diese Beziehungs- und Entwicklungsstörungen an, sind Persönlichkeitsstörungen und neurotische Fehlentwicklungen unausbleiblich.

Wie man dem Konrad helfen kann

Wie wäre dieser Teufelskreis zu durchbrechen? Konrad braucht Anerkennung, benötigt Sicherheit. Das könnte ihm die Mutter geben, wenn sie ihn bestätigen würde, ihn nicht zu häufig allein ließe, ihm die Möglichkeit gäbe, während ihrer Abwesenheit mit anderen Kindern zu spielen oder ihn mitnähme und so oft wie möglich an ihrem Leben teilhaben ließe. Aber zur Zeit Hoffmanns – und nicht nur in dieser – waren Erziehungsmittel der Wahl Ermahnung, Einschüchterung und die Drohung, daß der Schneider mit der großen, scharfen Schere käme, die Daumen abzuschneiden. Doch „schlechte" Angewohnheiten, ein zwanghaftes Verhalten, wie es bei Konrad vorliegt, werden damit nicht aus der Welt gebracht. Im Gegenteil, dies vergrößert die Angst und verstärkt damit das Bedürfnis, sie durch Daumenlutschen zu reduzieren.

Aus der Perspektive Konrads: Er möchte wieder Kleinkind sein, will verwöhnt und umsorgt werden. Da die Mutter ihm dies nicht ermöglicht, „die kalte Schulter zeigt" und fortgeht, ihn alleinläßt, verwöhnt er sich eben selbst und nimmt den Daumen in den Mund. Daß noch weitere Manipulationen mit dem eigenen Körper oder am eigenen Leib im Spiel sein könnten, deutet Hoffmann durch das Auf- und Abwippen des Jungen an. Man weiß, unruhiges Hüpfen, Hin- und Herzappeln, von einem Bein auf das andere treten, das alles vermag ebenfalls nervöse Spannungen zu lösen. Es gibt dazu aber noch andere Möglichkeiten der Interpretation, die Petrina Stein im „Peter Struwwel" andeutet. Dort mahnt die Mutter in der Geschichte vom Nuckelconny: „Und laß die Daumenlutscherei, die Daumen werden steif dabei, und *steife* Dinger klippt schnipp schnapp der Schneider mit der Schere ab." Wem kommen da nicht Asssoziationen, wie „erigierter Penis, Onanie, Kastrationsandrohungen, Verlustängste"? Im Anti-Struwwelpeter von Friedrich Karl Waechter gibt es einen weiteren signifikanten Hinweis, den wir noch erörtern werden.

Über den Aufbau eines sittlich-moralischen Charakters

Jedenfalls nimmt das Schicksal im Struwwelpeter seinen Lauf. Es erscheint der Schneider mit der Schere. Konrad wird seines letzten Mittels, sich selbst zu trösten und zu beruhigen, beraubt. Wer aber glaubt, der Junge sei in der Zeit, wo die Mutter ihn verlassen hat, unbeobachtet, der irrt sich. Schon im ersten Bild angedeutet, wird es im zweiten „sonnenklar": Es befindet sich über ihm, im Säulenbogen integriert, ein in Form der Sonne stilisiertes Gesicht. Es schaut finster drein, als er am Daumen lutscht, und lächelt verklärt, nachdem er diese verloren hat. Hier scheint Hoffmann das beliebte „Weine- und Lachemännchen", mit dem die Lehrer die Leistungen ihrer Erstkläßler beurteilen, vorweggenommen zu haben. Das Weine-Männchen gibt es für eine böse Tat, eine schlechte Leistung; ein Lache-Männchen erhält man, wenn etwas in Ordnung – in der Ordnung! – ist. Diese Art der Beurteilung ist für den Schulanfänger motivierend, verständlich und angemessen, denn unter Noten kann er sich noch nicht konkret genug vorstellen, wie ihn Erwachsene, und dazu noch die ihm vorläufig weitgehend unbekannten Lehrer, beurteilen. Da muß man schon an Erlebnisse anknüpfen, die das Kind bisher hatte, solche wie: Eltern freuen sich und strahlen – wie die Sonne –, wenn alles in Richtung ihrer Erwartungen läuft. Sie machen dagegen ein böses oder weinendes Gesicht, wenn etwas schiefgegangen ist oder sie unzufrieden mit ihrem Sprößling sind.

Wieder werden wir mit dem Problem der Verinnerlichung von Ge- und Verboten, dem Aufbau des Gewissens auch in der Konrad-Szene konfrontiert. Wenn Eltern nicht kontrollierend anwesend sein können, dann müssen, so hatten wir in der gar traurigen Geschichte vom Paulinchen festgestellt, wenigstens ihre Anweisungen als Gewissen „im Kopf und Herzen" des Kindes verankert sein. Als eigenes Wollen, als akzeptiertes Normsystem müssen sie vom Kind erlebt, bereit gehalten, zur gegebenen Zeit und zum richtigen Anlaß realisiert werden. Konrad ist längst noch nicht so weit, dies alles zu können. Wie sollte er auch bei solch einer Mutter, in der Umgebung, bei der Behandlung! *Deshalb* befinden sich diese Gesichter auf dem Torbogen, sozusagen als Stellvertreter elterlicher Gebote, als unterstützende Maßnahme und Hinweis darauf, daß die wünschenswerten, erhofften, notwendigen Instanzen zwar schon vorhanden, jedoch noch nicht verinnerlicht worden sind. Sie sind zwar präsent, aber nicht im Konrad selbst, der stattdessen sich die Daumen „reingezogen" hat, um es im Jargon der (Drogen-)Scene zu sagen. Die Kontrolleure können deshalb vorläufig nur kommentieren, aber noch nichts verhindern.

Spinnt man diesen Faden weiter, sind auch der Schneider und seine Riesenschere nur von außen wirkende Instanzen, sind eine Phantasie, die im *Kopf* des Kindes entsteht, da wo sich der gleichsam noch unausgefüllte Platz für das zukünftige Gewissen befindet. Diese Phantasiegestalt führt dem Konrad vor Augen, was geschehen würde, wenn . . . Eine Drohgebärde, ein Schreckgespenst! Von der Mutter angedeutet und prophezeit, vom Jungen in allen Details ausphantasiert, dieser gräßliche Schneider mit der Scher'. Eine Warnung, die sich das Kind, in Verlängerung und Verstärkung der Ermahnungen durch die Mutter, nun selbst in ihrer ganzen Grausamkeit immer weiter ausmalt. Man kann noch einen Schritt weiter gehen: Dies ist nicht nur der bedrohliche Vater, es ist „Gott", der alles sieht und vieles sühnt. Es ist seine Allmacht, die es ihm ermöglicht, auch das wahrzunehmen, was in einer dunklen Kammer an kleinen und großen Sünden geschieht. Gott(-Vater) und Religion als Mittel zur Gewissensbildung, zur Ausbildung des sittlich-moralischen Charakters erweist sich als eine Instanz, die mit der Erschaffung der Welt und der Aufstellung von zehn Geboten, die Stätte, welche zunächst noch – ohne Gewissen – „wüst und leer", schließlich doch bewohnbar, lebensmöglich und lebenswert gemacht hat. Wie schon erwähnt, nicht nur der Religions-Philosophie, sondern auch Freud verdankt man hierzu manche Einsicht.

Von Kastrationsängsten und dem Versuch, mit ihnen fertig zu werden

Greifen wir noch einmal die mit der schrecklichen Gestalt des Schneiders und seiner Riesenschere verbundenen Ängste und Kastrationsandrohungen auf. Schon bei Petrina Stein war deutlich geworden, daß die Versteifung des Daumens als Steife des Gliedes interpretiert werden könnte.

Im Anti-Struwwelpeter von Waechter wird's noch prägnanter. Zwar bleibt der Konrad nicht allein, als ihn die Mutter, vor dem bösen Schneider warnend, verläßt, sondern die Freundesschar eilt herbei, um ihm Gesellschaft zu leisten:

> „Jeder läßt sich nieder und
> wupp! den Daumen in den Mund.
> Später sind's die Zigaretten,
> sind's die Freuden in den Betten,
> doch die kleinen Mädchen, Knaben,
> wollen sich am Daumen laben."

Den auftauchenden Schneider bringen die Kinder dadurch zu Fall, daß sie den Fußboden mit Seife eingerieben haben. So schlägt er der Länge nach hin und verliert das Instrument der Bedrohung. Die Schere entgleitet seinen Händen, und an der Ofenbank schlägt er sich selbst k.o. Aber:

„Eh der Schneider von dem Schreck
sich erholt und aufgereckt,
hat er keine Hosen mehr, und ihm fehlt
die Schneiderscher.
Als die Mutter kommt nach Haus,
sieht der Schneider traurig aus.
Ohne Hosen steht er dort,
die sind alle beide fort."

Darauf also läuft's hinaus! Die Kinder ziehen dem Schneider die Hosen aus, nicht nur um den jetzt schon Bewußtlos-Machtlosen noch wehrloser zu machen, sondern sie wollen sich vergewissern, ob an diesem noch das dran ist, was er mit dem symbolischen Abschneiden des Daumens den Kindern wirklich abschneiden wollte.

Und daß es nicht nur um den Daumen in dieser Geschichte geht – die Daumen im Sinne einer Chiffrierung gleichsam eine „Organverschiebung" des Penis darstellen – offenbart die Geschichte vom „Pimmelspieler" aus dem „Schwuchtelpeter", dem Struwwelpeter für Homosexuelle, in der es klar und eindeutig heißt:

„Und vor allem. Rainer, hör:
Spiel nicht am Du-weißt-schon-mehr,
denn der Schneider mit der Scher
kommt sonst ganz geschwind daher,
und das Dingsda schneidet er
ab, als ob's ein Pappstiel wär.
Mutter geht. Und Rainer munter
pellt die Hose sich herunter.
Bauz! Da springt die Türe auf,

und herein im schnellen Lauf
stürzt der Schneider, der die Sitte
aufrecht hält durch Scherenschnitte.
Ha! Jetzt geht es schnipp und schnapp
jenes böse Teilchen ab –
Hui! Das ist doch eine Lust!
Rainer schreit aus voller Brust.
Als die Mutter kommt nach Haus,
hat er noch die Hose aus,
und es ist ihm abgetrennt,
wo man dran den Mann erkennt.
Jede Reue kommt zu spät –
ab ist Rainers Spielgerät!"

Der Penis also ist gemeint, Symbol für Kraft, Macht, Potenz und Männlichkeit; aber auch Zeichen für Entwicklungsmöglichkeiten, die in dem Knaben stecken, und die ihm von solch bedrohlichen Eltern, wie es hier Mutter und (Schneider-)Vater sind, beschnitten und verstümmelt werden.

Es ist eine Form von Angstabwehr, wie Therapeuten in Psychoanalysen immer wieder feststellen, wenn Kinder sich permanent vergewissern müssen, ob an ihnen selbst oder anderen noch alles vorhanden und unbeschädigt ist, wenn sie anfangen zu onanieren, weil sie sich vor dem Alleinsein, dem Kontakt- und Liebesverlust fürchten.

Betrachten wir in diesem Zusammenhang noch einmal den Schneider-Vater genauer: Er kann seine eigenen (Kastrations-) Ängste nicht verbergen, wie gern er es auch täte. Beim schnellen Lauf, dem Hineinspringen ins Zimmer und den Vergeltungshandlungen fliegt ihm der Zylinder (!) vom Kopf. Symbolisch gesehen hat er seinen Penis damit schon vor seiner eigentlichen väterlichen Strafaktion verloren. Die von Hoffmann besonders für Hose und Kopfbedeckung gewählte aggressive rote Farbe unterstreicht das alles. Doch hat der Schneider es auch nicht mehr nötig, „behütet" zu sein. Seine Rolle als Vater dokumentiert hinlänglich, wie potent er doch geblieben oder im Laufe seiner weiteren Entwicklung vom Kind zum Mann wieder geworden ist. Zudem verfügt er über eine „mordsmäßige" Waffe, die riesige Schere, mit der er sich gegen den ungehorsamen Struwwelpeter-Konrad zu wehren und ihn sogar zu attackieren weiß. All dies lange vor Stein, Waechter, Stefan und Freud szenisch mit dem Daumenlutscher Konrad aufgegriffen und dargestellt zu haben, ist eine außerordentliche, über die Engstirnigkeit seiner kleinbürgerlich-biedermeierlichen Zeit hinausreichende Leistung Hoffmanns.

Blut ist ein besonderer Saft

Und auch die drei Tropfen Blut, die bei der unmenschlichen Strafattacke zu Boden tropfen, scheinen nicht ohne tiefere Bedeutung zu sein. Natürlich, wo gehobelt wird, fallen Späne, wo man Daumen abschneidet, fließt eben Blut. Da gibt es bei Konrad keine Ausnahme. Das alles signalisiert für das betrachtende Kind die Schmerzhaftigkeit der Prozedur. Die Lache am Boden unterstreicht, wie „bluternst" die ganze Geschichte ist. Blut ist eben ein besonderer Saft, ist dicker als Wasser, fasziniert, aber erregt auch Ekel, ruft auf jeden Fall starke Gefühlsreaktionen hervor.

Auf die sich daran knüpfende Symbolik hat Bruno Bettelheim in dem schon erwähnten Buch „Kinder brauchen Märchen" hingewiesen. Erinnert man sich des Schneewittchens, dann sieht man die Königin vor sich, wie sie sich mit der Nadel in den Finger sticht: „Und es fielen drei Tropfen Blut in den Schnee und weil das Rote im weißen Schnee so schön aussah, dachte sie bei sich: Hätte ich ein Kind so weiß wie Schnee, so rot wie Blut und so schwarz wie das Holz in dem Rahmen." Mit diesem Märchen, wie Bettelheim meint, wird ein Mädchen indirekt auf das erregende Erlebnis der Menstruation, die Blutung bei der

Entjungferung und die Tatsache vorbereitet, „daß ohne Blutung kein Kind — auch es selbst nicht — hätte geboren werden können." Zu solchen Spekulationen gelangt man wegen der eigenartigen Gestalt, die das Blut zu Füßen Konrads annimmt. Eigentlich erwartet man eine Lache unbestimmter, möglicherweise runder Art am Boden. Diese hier hat jedoch die in der Graffiti oder Symbolik immer wieder antreffbare Form einer Vagina, die entweder als Monatsblutung, als Teil des Geburtsvorganges oder einer unter Umständen (beim Mädchen) vollzogenen Kastration angesehen werden kann.

Die letzte Behauptung bedarf der Erklärung: Die Beobachtung des Jungen, daß dem Mädchen der Penis fehlt, stattdessen so gut wie nichts an dieser Stelle für ihn zu sehen ist, bleibt nicht ohne Folgen für seine Fantasietätigkeit. Sie führt zu der Vorstellung, daß es tatsächlich so etwas wie eine Kastration geben könnte, wofür das „weibliche Geschlecht" der zutreffende Beweis zu sein scheint. Damit zugleich würden dann die entsprechenden Befürchtungen hervorgerufen oder latente Ängste in manifeste verwandelt. Umgekehrt produziert nach psycho-analytischer Auffassung die Feststellung des Mädchens, daß der Junge ein Organ besitzt, über welches sie in dieser Form nicht verfügt, den von Freud so genannten „Penisneid des Weibes."

Abwegige theoretische Spekulationen eines Psychologen des vorigen Jahrhunderts, mag mancher jetzt denken. Gewiß; doch jüngst hat Ulla Hahn in ihrem Gedicht „Penisneid" den gleichen Sachverhalt mehr praxisbezogen so auszudrücken versucht:

> „Er hat einen Penis
> ich habe keinen
> was soll ich machen
> ich suche mir einen
> Ich fand ihn in Kürze
> und zwar einen langen
> nur schade es hat
> ein Mann drangehangen."

Welche Ansicht man auch immer dazu haben mag, jedenfalls soll dieser Penisneid nach Freud angeblich für die Frau zum Hauptmotiv dafür werden, später wenigstens ein Kind, sozusagen als Penisersatz, zu bekommen. Eine Organverschiebung besonderer Art, über deren Realität sich die verschiedenen psychologischen Schulen immer wieder erneut streiten.

Und sogar die Zahl Drei, so Bettelheim,

„ist eine mystische und heilige Zahl. Sie war es schon lange vor der christlichen Lehre von der Dreieinigkeit. Es ist die Dreiergruppe von Schlange, Eva und Adam, die nach dem Alten Testament nach fleischlicher Erkenntnis strebt. Im Unbewußten steht die Zahl Drei für die Sexualität, weil beide Geschlechter drei sichtbare Geschlechtsmerkmale besitzen: den Penis und die beiden Hoden beim Mann und die Vagina und die beiden Brüste bei der Frau. Die Zahl Drei vertritt aber im Unbewußten auch noch auf völlig andere Weise die Sexualität, da sie die ödipale Situation symbolisiert mit ihrer tiefen Verstrickung von drei Personen, wobei es sich um Beziehungen handelt, die mehr als nur einen leichten Beigeschmack von Sexualität haben, wie unter vielen anderen Geschichten auch die von Schneewittchen beweist."

Man kann es drehen und wenden, wie man will, sein Kaleidoskop hin- und herschütteln: Das Konrad-Drama scheint mehr als ein bloßer Hinweis auf eine harmlose kindliche Unart zu sein. Indirekt wird hier immer wieder auf wichtige Etappen der kindlichen Sexualentwicklung, die oft bedrohliche Reaktion der Erwachsenen auf diese Vorgänge hingewiesen und die Genese kindlicher Ängste in verschlüsselter Form aufgezeigt.

Haarwuchs und männliche Potenz

Im ersten Kapitel stellten wir die Frage, ob Hoffmann den Struwwelpeter überhaupt erst wegen unbewältigter, verdrängter Kindheitserlebnisse habe schaffen können. Um nicht zu früh unnötige Widerstände beim Leser zu wecken, blieben wir die Antwort zunächst schuldig. Jetzt ist es an der Zeit, einer weiteren

Vermutung nachzugehen, die sich bei der Interpretation der Fantasien Konrads immer mehr dem Betrachter aufdrängt.

Unterstellt man, daß Hoffmann sich mit diesem Jungen und seinen Ängsten identifiziert, kommt man zu folgenden Überlegungen: Wie die meisten Personen des Buches verkörpert Konrad Aspekte der Struwwelpeterfigur. Ihm werden zwar nicht bloß die Fingernägel geschnitten. Es passiert ihm noch Schlimmeres. Er verliert beide Daumen. Der Struwwelpeter hat aber außer seinen Fingernägeln und Krallen noch eine prächtige Mähne, um deren Verlust er ebenfalls fürchten muß. Solche Haare sind nicht nur eine noble Tracht, sondern in dieser Fülle auch das Zeichen des freien Menschen. Nur Sklaven, Leibeigenen, Verbrechern, Kolloborateuren und Ehebrecherinnen schor man den Kopf. Der Verlust der Haare war zugleich ein Hinweis auf Verlust an Würde. Haare und Potenz wurden schon immer gleichgesetzt. Erst als Delila den Samson seiner Haare beraubt hatte, schwand seine (Mannes-)Kraft. Indianer nahmen den Besiegten den Skalp. „Manche Naturvölker verglichen das Haareschneiden mit der Kastration", wie Gerhard Köpf in seinem Buch „Die Strecke" erwähnt. Besieht man sich den Konrad daraufhin, erkennt man, wie seine Haare gestutzt worden sind — ganz abgesehen einmal davon, daß der Schneider-Vater selbst bereits eine Menge davon hat „lassen müssen". Hoffmann hatte als Kind erhebliche Konflikte, wie wir an seiner Beziehung zum Vater und in der Geschichte vom bösen Friedrich nachzuweisen versuchten. Angst wird er wie jedes Kind in ähnlicher Situation erlebt und verdrängt haben. Solche Verdrängungen aber haben Folgen. Eine davon könnte der geniale Wurf sein, diese Struwwelpeterfigur erfunden zu haben. Sie befreite ihn und durch sie befreite er sich selbst gleichsam nachträglich von seinen negativen Kindheitserinnerungen. Die Haare des Struwwelpeter werden eben immer länger und nicht etwa gekürzt, geschnitten, rasiert! Auch auf diese Weise läßt sich eine Kastrationsangst abwehren. Man kann in provokatorischer Weise

Furcht noch am besten verarbeiten, indem man sie ins Gegenteil verkehrt.

Die Situation, in der diese Figur entstand, wird ebenfalls nicht ohne Einfluß gewesen sein. Bewußt war dem Arzt Hoffmann, daß er damit die Kinder während der Untersuchung beruhigen konnte. Deutlich scheint der Mensch Hoffmann darüber hinaus als ein „Reimerich Kinderlieb" gespürt zu haben: Kinder erleben den Arzt als Autoritätsperson, als Vaterfigur. Die Feststellung Voltaires „Der Arzt *unterhält* lediglich den Kranken ein wenig, heilen kann nur die Natur!" ist ihnen noch unbekannt. Sie haben Angst vor ihm, weil er sie untersucht, an ihrem Körper manipuliert, eigenartige (Scheren-)Instrumente hat. Was kann ihnen dabei alles geschehen! In dieser Situation muß es eine starke Identifizierung des Arztes Hoffmann, der sich auch einmal als ein ängstliches, von Autoritätspersonen bedrängtes Kind erlebt hat, mit seinen kleinen Patienten gegeben haben. Um sie zu beruhigen, zeichnete er ihnen den Struwwelpeter mit immer länger werdenden Finger-Nägeln und Haaren und signalisierte damit, daß deren Ängste unbegründet waren. Im Gegenteil: Da, wo man bange war, wuchsen Krallen und Haare um so üppiger und reduzierten zugleich die Möglichkeit eines erwarteten und befürchteten Verlustes.

Man muß sich noch einmal klarmachen: Welch eine Leistung, die da aus unbewußten Quellen rührend einen Teil der eigenen Biographie aufarbeitet und zugleich bewußt und mit Erfolg Kindern unnötige Pein erspart! Eine Überlegung, die Leser, nachdem sie um die (Kastrations-)Ängste Konrads wissen, wahrscheinlich jetzt eher nachvollziehen können, als wenn sie zu vorzeitig angeboten worden wäre. Vielleicht kann dies sogar Erklärungsmöglichkeiten für Ängste anbieten, die man zwar spürt, deren Ursprung aber weitgehend unbekannt geblieben ist. Wie die Dinge immer liegen mögen, wenn sich jemand auf diese Weise mit den furchterregenden Fantasien seiner Kindheit versöhnt und auch die nächsten Generationen noch davon profitieren können, ist das ein seltener Glücksumstand, dessen Resultat zwangsläufig zu einem die Jahrhunderte überdauernden Bestseller führen muß.

Natürlich lassen sich für die Entstehung von Ängsten auch andere Erklärungsmodelle finden. Wir verweisen darauf, daß nur Geschichten, die sich auf mehrfache, unterschiedliche Weise interpretieren lassen, gute Geschichten sind. Nicht jede Angst muß auf dem Boden des sogenannten Kastrationskomplexes wachsen. Ängste können sich aus unterschiedlichsten Gründen ergeben. Doch solche, wie sie Konrad entwickelt, sind sicher am zutreffendsten durch Angst vor möglicher „Kastration" zu erklären. Zumindest würde ein Tiefenpsychologe wie Freud das so sehen, wobei inzwischen längst deutlich wurde, daß wir hier mehr zu psycho-analytischen Interpretationen neigen, auch deshalb, weil der Struwwelpeter – kennt man die Biographie des Autors – solche Vermutungen begünstigen.

Über die möglichen Zusammenhänge der Traumtheorie von Freud und dem Struwwelpeter Hoffmanns

Und noch ein weitere Sachverhalt scheint das zu unterstützen: Seit Freuds Traumtheorie wissen wir, daß der Traum der „Hüter des Schlafes" ist. Auch im Traum schaltet die Denktätigkeit nicht völlig ab. Im Gegenteil, die aus dem Unbewußten steigenden Phantasien, die am Tage nicht realisierten sexuellen oder aggressiven Impulse, abgewehrte Wünsche, nicht ausgesprochene Hoffnungen oder massiven Ängste, dies alles bedrängt fortwährend den Schläfer. Dazu gehören auch Erinnerungen an nicht verarbeitete Kindheitserlebnisse, die auf diese Weise sich immer wieder anmelden und verlangen, daß man sich mit ihnen auch nachts und manchmal nicht nur einmal, sondern immer wieder beschäftigt! Ohne die Möglichkeit, träumen zu können, würde der Mensch bei solchen Impulsen, die ihn als Innen- oder Außenreize belästigen, jedesmal um seine Nachtruhe gebracht. Er würde unweigerlich erwachen, wenn es das Traumgeschehen nicht gäbe. Dabei werden die meisten dieser mit starken Unlustgefühlen verbundenen Tendenzen und Erinnerungen chiffriert. Der Träumer und damit der Traum bedient sich solcher Mechanismen wie Verkehrung ins Gegenteil, Verdrängung oder Verschiebung auf andere Sachverhalte, um den sogenannten „latenten Traumgedanken", der nicht ins Bewußtsein dringen darf, weil er gefährlich erscheint und das unweigerlich zum sofortigen Erwachen führen würde, in den „manifesten Trauminhalt" umzubiegen. Mit dem kann man leben, beziehungsweise weiterschlafen, ohne sich zu erschrecken und damit um seine wohlverdiente Ruhe zu bringen.

Zwar ist dieser manifeste Trauminhalt, an den man sich am Morgen dann gerade noch erinnert, irgendwie eigenartig. In ihm geht nämlich vieles durcheinander, manches erscheint irreal und befremdlich zu sein. Aber er hat auf diese Weise all die schon genannten bedrohlichen Impulse verschlüsselt, damit weitgehend unkenntlich und ungefährlich gemacht. Insofern ist jeder Traum auch wie ein verschlossener Brief, der zwar eine wichtige Botschaft für den Träumer enthält, die er aber allein meist nicht zu entziffern vermag. Man benötigt dazu einen Fachmann, der sowohl den Brief öffnet als auch übersetzt, also erkennt, daß mit dem Daumen im Sinne der Organverschiebung eigentlich das männliche Glied gemeint ist. Erst ein Psychotherapeut kann mit Hilfe der Assoziationen, die man ihm zu bestimmten Traumteilen anbietet, solche Botschaften, ihren eigentlichen Sinn, dechiffrieren. Damit hebt er sie ins Bewußtsein des Patienten und dies in der Hoffnung, ihm Teile seiner unbewußten Persönlichkeit vor Augen zu führen und damit einen seelischen Gesundungsprozeß einzuleiten.

In analoger Weise verfährt man oft mit unangenehmen Kindheitserinnerungen. Wie im Struwwelpeter werden nur *die* Teile der Öffentlichkeit und im Klartext mitgeteilt, die man vor sich selbst gerade noch so vertreten kann, während andere Sachverhalte, weil zu negativ besetzt, codiert werden (müssen). Einerseits kann es das Bewußtsein nicht ertragen, der Nemesis des früheren Leidens und seiner (Kindheits-)Geschichte direkt ins Auge zu blicken, andererseits fühlt man sich aber bereits durch eine solche nur teilweise noch verschlüsselte Veröffentlichung von negativen und daher verdrängten Impulsen befreit.

Dem Psychoanalytiker bieten solches Material und derartige Produktionen dann Gelegenheit, sie auf die realen Botschaften hin zu befragen, zu entziffern und damit ihre tieferen und tatsächlichen Bedeutungsinhalte zu erkennen. Deshalb kann angenommen werden, daß die mannigfachen Codierungen, deren Hoffmann sich im Struwwelpeter bedient, wichtige Hinweise zu seiner Kindheitsgeschichte enthalten. Es werden auf diese Weise Ereignisse mitgeteilt, die in den Erinnerungen des Autors mit starken Unlustgefühlen besetzt sind, was besonders für die Auseinandersetzung mit dem Vater gilt. Sie haben seinerzeit am meisten Angst erzeugt, weshalb *Elternfiguren* in den Struwwelpeter-Episoden überwiegend verhüllt, verdeckt und oft ins Gegenteil verkehrt werden (müssen). Der Struwwelpeter war also kein „genialischer Griff ins Nichts", wie es einmal Gustav Adolf Bogeng ausgedrückt hat, sondern die Entstehungsbedingungen dieses genialen Wurfes scheinen tatsächlich in der Kindheit Hoffmanns begründet zu liegen, der sich auf diese Weise „etwas von der Seele geschrieben hat".

Aber auch solchen Spekulationen braucht der Leser nicht zu folgen. Vielleicht hat er andere, treffendere Erklärungen für die Geschichten. Wie er das Kaleidoskop dreht und wendet, soll weiterhin bei ihm liegen, denn er wird durch die dabei entstehenden Bilder zum Nachdenken angeregt. Dieser Anstiftung zum Phantasieren, wie sie durch unsere Erklärungen mit bewirkt wird, sollte man sich daher nicht entziehen.

Was hat die Schulpflicht mit der Sexualentwicklung zu tun?

Unbeantwortet ist bereits in der Paulinchen-Geschichte die Frage geblieben, weshalb im 19. Jahrhundert ein sexueller Verdrängungsprozeß und damit auch ein nachhaltiger Kampf gegen kindliche Onanie einsetzte. Die Lustfeindlichkeit dieser Epoche kommt jedoch nicht von ungefähr, sondern sie ist im Kontext mit der gesellschaftlichen, der ökonomischen und politischen Entwicklung zu sehen. Im 18. Jahrhundert war man der Sexualität gegenüber nicht negativ eingestellt. Männer und Frauen badeten gemeinsam in öffentlichen Anstalten. Kinder konnten ihre sexuellen Bedürfnisse unbeachtet und unbestraft befriedigen; über das sexuelle Treiben der Erwachsenen waren sie ohnehin informiert, wofür schon die Enge des Wohnraumes in dieser Zeit sorgte. Im folgenden Jahrhundert ist von dieser (sexuellen) Freizügigkeit nichts mehr zu bemerken. Die Umstellung der Gesellschaft zu einer Industriegesellschaft – 1843 wurde in den Berliner Borsig-Werken die erste Dampflokomotive gebaut, zwischen 1850 und 1860 die Produktion von Kohle, Eisenerz und Roheisen jeweils mehr als verdoppelt – begann ihren Tribut zu fordern. Eine bessere Ausbildung der Kinder erwies sich nun als unbedingt erforderlich.

Die älteren Schulordnungen, beispielsweise aus dem 16. und 17. Jahrhundert, kannten noch keinen Schulzwang. Eine allgemeine Schulpflicht wurde in den deutschen Staaten erst am Ende des 17. und im 18. Jahrhundert eingeführt, zum Beispiel in Preußen durch Friedrich Wilhelm dem Ersten im Jahre 1717. Doch wurde diese Schulbesuchspflicht lax gehandhabt, denn der Einsatz der Kinder auf dem bäuerlichen Hof oder in den Manufaktur-Betrieben erwies sich als notwendiger. Es war Friedrich der Große, der 1763 in einem „General-Landschul-Reglement" die Vorschriften präzisierte, dessen § 1 besagt:

„Zuförderst wollen Wir, daß alles unsere Unterthanen, es mögen seyn Eltern, Vormünder oder Herrschaften, denen die Erziehung der Jugend oblieget, ihre eigene sowohl als ihrer Pflege anvertraute Kinder, Knaben oder Mädchen, wo nicht eher doch höchstens vom Fünften Jahre ihres Alters in die Schulen schicken, auch damit ordentlich bis ins Dreizehnte und Vierzehnte Jahr kontinuieren und sie so lange zur Schule halten, bis sie nicht nur das Nötigste vom Christentum gefasset haben und fertig lesen und schreiben, sondern auch von demjenigen Rat und Antwort geben können, was ihnen nach den von unsern Consistoriis verordneten und approbierten Lese-Büchern beygebracht werden soll."

Doch noch 1850 begnügte man sich, was die Praxis des Schulbesuchs anbelangte, in der Verfassungsurkunde lediglich mit der Bestimmung, daß „Eltern und deren Stellvertreter ihre Kinder oder Pflegebefohlenen nicht ohne Unterricht lassen dürfen, welcher für die öffentlichen Volksschulen vorgeschrieben ist". Daher nahm zu dieser Zeit etwa nur die Hälfte der eigentlich schulpflichtigen Kinder am Unterricht teil. Holland, Belgien und Rußland hatten selbst gegen Ende des 19. Jahrhunderts keinen Schulzwang. In England wurde erst 1878 in Verbindung mit dem Fabrikgesetz, worin festgelegt wurde, daß *Fabrikkinder* (!) bis zum 13. Lebensjahr wenigstens fünfmal wöchentlich die Schule besuchen müssen, der Unterricht allgemein und obligatorisch gemacht.

Dieser Ausflug in die Geschichte der Schulordnungen zeigt, daß im 19. Jahrhundert das Aufkommen von Fabriken, die Umstellung der Produktion in Form maschineller Fertigung, eine bessere Vorbereitung der Kinder für ihre Aufgaben als Erwachsene bei der Bedienung von Maschinen und in der Beherrschung von Technik erforderlich machte. Von dieser Ausbildung sollte sich das Kind nicht mehr durch zu frühe sexuelle Betätigung, durch Onanie, die als schädlich, kräftezehrend und krankmachend angesehen wurde, ablenken lassen. Ein Zeitabschnitt der Ruhe und Konzentriertheit, der Aneignung von Wissen, des Lernens von Lesen, Schreiben und Rechnen für alle war nun erforderlich. Freud nennt diesen Abschnitt der sexuellen Ruhe und Beruhigung, der für ihn etwa vom fünften bis zum vierzehnten Lebensjahr reicht, Latenzperiode und definiert ihn ausdrücklich als Zeit ungestörten Lernens geistiger Sachverhalte. Er nahm an, daß es sich dabei um ein in der Entwicklung der Menschen festgelegten, gleichsam angeborenen Zeitabschnitt handeln würde und übersah dessen zeitliche Abhängigkeit von den technisch-ökonomischen Bedingungen und jeweiligen gesellschaftlichen Umständen.

Dies alles erklärt, weshalb der im Jahr 1880 erschienene „pädagogisch verbesserte Struwwelpeter" von Miris und Oberländer statt der sonst üblichen Strafandrohungen in jeder Geschichte an die *Vernunft* der Kinder appelliert, und der Konrad wie die anderen Kinder auch statt des Daumenlutschens sich während der Abwesenheit der Mutter mit dem Buch „Das logische Denken" beschäftigen (müssen), also konkret gesprochen, sich in der Schule befinden. Wie schlecht es allerdings dabei noch um die Ausbildung der Heranwachsenden und auch sonst um die Qualität der Erzeugnisse dieser Industrie bestellt war, zeigte in diesem Zusammenhang die Paulinchen-Geschichte, die hier „Die gar traurige Geschichte von den schlechten Zündhölzern" genannt wird, und in der es dem Paulinchen nicht gelingt, auch nur eines zum Brennen zu bringen:

„Jedoch Paulinchen hatte recht,
die Hölzchen waren herzlich schlecht,
nicht Eines brennt, so viel sie streicht,
obwohl sie doch nicht standen feucht.
Und Miez und Maunz, die schreien
gar jämmerlich zu zweien:
„Führwahr, wer hätte das gedacht,
daß man so schlechte Ware macht.
Miau, Mio! Miau, Mio!
Wie kann man sich doch irren so!
Ob's auch kein volles Hundert gar,
nicht Eins davon zu brauchen war;
da dacht' Paulinchen: „Sehet, wie

erbärmlich uns're Industrie!"
Und Miez und Maunz, die Kleinen,
die fingen an zu weinen:
,,Miau, mio! Miau, mio!
Wie gehen die Geschäfte flau;
doch wahrlich ist's kein Wunder,
erzeugt man solchen Plunder!"

Nach hundert Jahren noch aktuell, diese Geschichte von dem minderwertigen Plunder, den mitunter die Industrie erzeugt, wird mancher Leser jetzt sicher meinen!

So macht Gewissen Feige aus uns allen

Doch zurück zum unglücklichen Konrad. Sein Schicksal erweist sich, wie Marie-Luise Könnecker zutreffend formuliert hat, als ,,modellhaftes Psychogramm der klassischen bürgerlichen Erziehungssituation: Frustration, Ersatzbefriedigung und traumatische Strafangst auf der Seite des Kindes, Lustfeindlichkeit und sadistische Strafimpulse auf der Seite der Eltern." Hinter dieser frustrierenden, repressiven, lustfeindlichen Haltung mag die mehr oder weniger bewußte Haltung der Erwachsenen gestanden haben: Nur durch Triebverzicht – in möglichst vielen Bereichen – kann im Zeitalter einschneidender ökonomischer Veränderungen der junge Mensch zu einem optimal angepaßten, intelligenten, gut ausgebildeten und damit zu einem gesellschaftlich verwertbaren Wesen erzogen werden.

Insofern muß der ,,Struwwelpeter" tatsächlich als der dem Autor sicher unbewußte Versuch gewertet werden, einen wichtigen Beitrag zu solch einer sexualfeindlichen Sozialisation zu leisten. Das gilt übrigens für die Struwwelpetriaden und für viele andere Kinderbücher auch.

Doch ist solch eine Erziehungshaltung historisch gesehen nicht ohne Folgen geblieben. Unter der Devise ,,Gelobt sei, was da hart macht" und der Forderung „Rein bleiben und reif werden" hatte sie für uns Konsequenzen, die vom Unglück eines ersten in das Inferno des zweiten Weltkrieges führten. Politischen Fehlentwicklungen zu widerstehen, dazu hat vielen Menschen das von ihren Eltern übernommene Gewissen leider oft im Weg gestanden. Offiziere der deutschen Wehrmacht zögerten fast bis zuletzt, den Diktator zu beseitigen, da sie ihm durch den Eid, der ihr Gewissen knebelte, verpflichtet waren.

So wird auch hier wieder ein politischer Aspekt des Hoffmannschen Buches sichtbar. Indem wir heute in der Erziehung bereit sind, humanere Wege zu beschreiten, auf das Prinzip permanenter und alles umfassender Kontrolle – wie es Eltern bei ihren Kindern hin und wieder zwar noch anstreben und auch der Staat als Institution es dann und wann durch (gesetzliche) Regelungen in seinen Bereichen einzuführen probiert – weitgehend verzichten und versuchen, solchen Tendenzen zu widerstehen, sichern wir das Lebensglück und die Freiheit unserer Kinder.

Kapitel VII

Die Geschichte vom Suppenkaspar

Ich esse meine Suppe nicht, nein,
meine Suppe eß ich nicht

oder

Die Macht des Schicksals:
Am Ende bist du wirklich tot

Magersucht und Joggen

Was haben Anorexia-nervosa-Patienten mit Joggern gemeinsam? Sehr viel, meinen die Forscher A. Yates, K. Leehey und C.M. Shisslak von der University of Arizona, die 60 Langstreckenläufer untersucht haben.
Anorexia-Patienten und Muß-Läufer haben beide ein intensives Bedürfnis danach, ihr Leben zu kontrollieren. Einen Unterschied gibt es allerdings: extreme Läufer sind in der Regel männlich, während an Anorexia nervosa vor allem junge Mädchen und Frauen leiden. Beide Gruppen kommen aus der mittleren oder Oberschicht; beide stellen außerordentlich hohe Erwartungen an sich; beide unterdrücken Ärger. Extreme Jogger wie auch Anorexia-Patienten sind eher introvertiert und neigen zu Selbstisolation, Selbstverneinung und Depression. Und beide haben unrealistische Vorstellungen von Ernährungsweise und Übergewicht.

(„Psychologie heute", Januar 1984)

Die Geschichte vom Suppen-Kaspar.

Der Kaspar, der war kerngesund.
Ein dicker Bub und kugelrund,
Er hatte Backen rot und frisch;
Die Suppe aß er hübsch bei Tisch.
Doch einmal fing er an zu schrei'n:
„Ich esse keine Suppe! Nein!
Ich esse meine Suppe nicht!
Nein, meine Suppe ess' ich nicht!"

Am nächsten Tag, — ja sieh nur her!
Da war er schon viel magerer.
Da fing er wieder an zu schrei'n:
„Ich esse keine Suppe! Nein!
Ich esse meine Suppe nicht!
Nein, meine Suppe ess' ich nicht!"

Am dritten Tag, o weh und ach!
Wie ist der Kaspar dünn und schwach!
Doch als die Suppe kam herein,
Gleich fing er wieder an zu schrei'n:
„Ich esse keine Suppe! Nein!
Ich esse meine Suppe nicht!
Nein, meine Suppe ess' ich nicht!"

Am vierten Tage endlich gar
Der Kaspar wie ein Fädchen war.
Er wog vielleicht ein halbes Lot —
Und war am fünften Tage tot.

Konsequenz in der Erziehung hat Konsequenzen

Ein Junge will seine Suppe nicht essen. Da die Eltern konsequent bleiben, verhungert er. Konsequenz in der Erziehung hat ihre Konsequenzen, Verweigerung von Nahrung hat ihren Preis. Recht geschieht ihm, diesem Suppenkaspar, werden die denken, denen eine solche Trotzhaltung gegen den Strich geht. Zumal im vorigen Jahrhundert nicht wie in unseren Tagen Lebensmittel im Überfluß produziert wurden. Damals waren viele froh, wenn sie überhaupt etwas zu essen hatten. Hunger war der Alltag, Völlerei die Ausnahme. Die Bitte „Unser täglich Brot gib uns heute" und die sich daran knüpfende Hoffnung, es auch am nächsten Tag noch zu bekommen, war im 19. Jahrhundert für viele (Arbeiter-)Familien, die sich nach der zu kurzen Decke strecken mußten, bittere Realität.

Recht geschieht ihnen, wird der Junge von seinen Eltern denken; sollen die mal sehen, wie es ist, wenn ich tot bin. Da werden sie hoffentlich und endlich einmal traurig sein. Vielleicht werden sie um mich weinen: je länger, je lieber. Vergehen sollen sie vor Schmerz und Kummer über ihren „verlorenen Sohn". Dann kämen sie endlich zur Besinnung und wären glücklich, wenn ich wieder da wäre. Und lieb hätten sie mich dann bestimmt. Vielleicht denkt er aber auch: Warum geben die mir nur immer wieder solche abscheuliche Suppe? Ich will keine Babynahrung mehr, will endlich mal was Kräftiges, was zum Beißen — damit ich lerne, mich durchzubeißen! Ich will nicht immer alles „schlucken" von dem, was ich mir hier bieten lassen muß. Ich möchte das haben, was Erwachsene bekommen, und es machen, wie sie es tun. Oder der kerngesunde Bub lebt bei Eltern, die prassen und schlemmen, die ihn animieren, soviel zu essen, dick zu werden wie sie. Sie haben vielleicht die Vorstellung: dickes Kind — liebes Kind; dick sein heißt von Eltern bejaht, gepflegt, geliebt sein; rundes Kind — gesundes Kind; bedeutet elterliche Fürsorge im höchsten Grade, die auf diese Weise am besten „veröffentlicht“ wird! Das aber entspricht keineswegs seinen Wünschen, denn wie die Eltern will er nicht aussehen und sein. Seine Spiel- und Klassenkameraden, die Freunde hänseln ihn wegen seiner Figur ohnehin mehr als er verkraften kann. Zum Gespött der anderen Kinder möchte er nicht werden. Da geht er schon lieber in den Hungerstreik – bis zum bitteren Ende. Alle diese Gedanken und Wünsche enthalten Begründungen, die zu den tatsächlichen Motiven des protestierenden, eigensinnigen, die Nahrung verweigernden Jungen führen.

Die grafische Technik der Null-Figur

Zunächst eine Bemerkung zur zeichnerischen Darstellung des verhungernden Suppenkaspar. Schon beim Struwwelpeter hatten wir erwähnt, daß die einprägsame, überzeugend wirkende Gestaltung dieser Figur überwiegend von äußeren Umständen abhängig war. Um die unruhigen kleinen Patienten abzulenken, wurden dem Struwwelpeter Haare und Fingernägel immer wieder verlängert, bis er schließlich sein Schrecken erregendes Aussehen bekam, das kranke Kind, nun abgelenkt genug von seinen Schmerzen und der Angst vor dem Arzt, sich endlich untersuchen ließ. In umgekehrter Weise, aber mit dem gleichen Effekt benutzt Hoffmann die Technik der „Null-Figur“ – die in der Diskussion, Propaganda und Auseinandersetzung mit politischen Gegnern im 19. Jahrhundert als graphische Gestaltungsform häufig Verwendung fand – indem er den zunächst kugelrunden Suppenkaspar immer dünner werden läßt, bis der schließlich zum Strich wird und dann ganz verschwunden ist.

Die Kinder waren beim Anblick des Endresultats dieser zeichnerischen Aktion – dem Tod, der Auflösung des Suppenkaspar in ein Nichts – von der Notwendigkeit einer ärztlichen Untersuchung überzeugt und endlich beruhigt genug, die dazu notwendigen Prozeduren mehr oder weniger geduldig über sich ergehen zu lassen. Sicher wird Hoffmann dabei kaum an Eßgewohnheiten, Tischsitten, Bedeutung der Nahrung für die Gesundheit der Kinder oder an mögliche neurotische Störungen gedacht haben. Ihm ging es darum, seine Untersuchungen und die Medizin „an den Mann", oder besser gesagt an das Kind zu bringen. Als Arzt war es ihm wichtig, daß Kinder diese Medikamente, die damals bitterer und unangenehmer als heutzutage schmeckten, nicht verweigerten und der Verordnung und Notwendigkeit entsprechend einnahmen. Hier Medizin gleich Suppe zu setzen, wäre als Interpretation so abwegig jedenfalls nicht, ist doch möglicherweise der tödliche Ausgang einer Krankheit nicht nur bei permanenter Verweigerung lebenswichtiger Nahrung, sondern auch bei abgelehnter, aber erforderlicher Medizin vorprogrammiert.

Pubertätsmagersucht als psychogene Erkrankung

Auszuschließen ist nicht, daß Hoffmann in seiner Praxis mitunter Patienten gesehen hat, die an einer Störung litten, welche man heute als Pubertätsmagersucht bezeichnet und den psychogenen Erkrankungen zuordnet. Solche psychisch bedingten Appetitstörungen findet man am häufigsten bei Mädchen, weniger bei Jungen. Sie sind hauptsächlich zwischen dem achten und achtzehnten Lebensjahr, mit einem Maximum ihrer Häufigkeit etwa in den Pubertätsjahren zwischen dreizehn und fünfzehn anzutreffen. Zwar betonen diese Jugendlichen immer wieder ihren guten Willen und weisen nachdrücklich daraufhin, daß sie Appetit hätten, Nahrung keineswegs ablehnten, jedenfalls essen möchten und es auf der Stelle auch täten. Die dann folgenden Ausweichmanöver und Abwehrstrategien sind jedoch äußerst trickreich und von Kind zu Kind, von Situation zu Situation recht unterschiedlich. Es werden die Bissen im Mund hin- und hergewälzt, schließlich wieder ausgespuckt, oder es setzt nach jeder Nahrungsaufnahme Erbrechen, sogenannte Bulimie, ein. Die Mädchen nehmen rapide ab, die Haut trocknet aus, die Menstruation, wenn sie schon eingesetzt hat, kommt durcheinander, bleibt schließlich aus. Der Körper verfällt immer mehr, und in manchen Fällen wird es so gefährlich, daß nur eine Klinikaufnahme mit einer speziellen Behandlung den Patienten zu retten vermag. Mitunter kommt es bei dieser psychogenen Erkrankung zu einem tödlichen Ausgang.

Ein Anlaß, der eine Reduzierung oder Verweigerung der Nahrungsaufnahme einleitet, mag in Aktualitäten der Bekleidungsmode zu finden sein. Man muß sich beispielsweise in eine bestimmte Kleidergröße hineinhungern, weil Twiggy oder andere propagierte Schlankheitsideale das verlangen. Manchmal ist es der Beginn eines Machtkampfes mit den Eltern wegen irgendeiner Angelegenheit. Geht es um einen bestimmten Wunsch des Kindes, den es dickköpfig verfolgt, und geben die Eltern nach, dann ist die Sache entschieden, nämlich zu seinen Gunsten. Der Hungerstreik kann abgebrochen werden, der Sieger steht fest. Bleiben die Eltern hartnäckig, dann kann sich bei einem eigenwilligen Jungen, wie es der Suppenkaspar zu sein scheint, eine folgenschwere Entwicklung anbahnen. Manchmal will ein Kind damit auch nur eine Änderung des elterlichen Speiseplans oder des Angebots, was Umfang, Menge oder Zeit anbelangt, erreichen. Es hofft, seine Lieblingsspeise zu erzwingen oder überhaupt mehr an Beachtung oder eine Vorrangstellung gegenüber Geschwistern zu erhalten.

Solche vorübergehenden Beziehungskrisen und daraus resultierende Entwicklungsstörungen, die keinesfalls so dramatisch wie in der Episode vom Suppenkaspar verlaufen, sind aber hiermit nicht gemeint. Bei Mädchen mit Anorexia, wie der medizinische Fachausdruck lautet, liegt dagegen meist eine schwere Identifikationskrise vor. Sie haben Schwierigkeiten, die Rolle als Frau – eine Entwicklung, die in der Pubertät beginnt – zu akzeptieren und anzunehmen. Die Heranwachsenden bemerken die einsetzenden körperlichen Veränderungen, die Entwicklung ihrer Brüste, den Beginn der Menarche, die Menstruation, das Wachsen der Schamhaare und andere Anzeichen als Hinweise, daß ein Entwicklungsabschnitt nun von einem wichtigen anderen abgelöst wird. Der Gestaltwandel ist ein untrügliches Zeichen dafür: Beim Mädchen beginnt sich die Konstitution der reifenden Frau zu formen. Damit setzt für einige Pubertierende der durch ihre spezielle Lebenssituation vorbereitete Konflikt ein. Die Grundlagen für diese psychogene Erkrankung werden lange vor ihrem Manifestwerden gelegt.

Spricht man mit den Familienangehörigen, ergibt sich oft, daß die Mutter eine dominante, alles beherrschende und damit auch den Vater bedrängende Rolle spielt. Im Laufe seiner Entwicklung ist das Kind von diesem Typ Mutter eingenommen, zunehmend begeistert, schließlich fasziniert und abhängig geworden. Mit den mehr männlichen Eigenschaften, die auch heutzutage hoch eingeschätzt und von mancher Frau deshalb als (irrtümliches) Kennzeichen von Emanzipation und Gleichberechtigung unbewußt kopiert werden, hat sich das Mädchen identifiziert. So will sie werden, dominant wie die Mutter. In deren Rolle möchte sie schlüpfen. Weiblichkeit, Mütterlichkeit, Nachgiebigkeit, all das hat sie an ihrer Mutter dagegen entweder nicht beobachten können oder bewußt nicht wahrnehmen wollen. Damit wird die seit Jahren durch falsche Erwartungen und Modelle vorprogrammierte latente Identitätskrise manifest. Nun, wo die zwangsläufig einsetzende, durch nichts aufzuhaltende körperliche Entwicklung den Rollenwechsel andeutet, beginnt der massive seelische Konflikt. Psychische Systeme können solche Spannungen selten verkraften. Sie geraten durcheinander, hemmen und blockieren sich gegenseitig. Ein Ausweg aus diesem Dilemma liegt für das betroffene Mädchen in der Verweigerung von Nahrung. Wer nicht ißt, der kann nicht den Körper einer Frau bekommen, bleibt jünglingshaft-schlank, eben ein Junge oder wie ein Mann.

Hunger und Liebe bewegen die Welt

Es gibt einen weiteren wichtigen Aspekt, der sich mit der Nahrungsverweigerung verbindet: Essen hat etwas mit dem schon erwähnten Lustgewinn aus erogenen Zonen, hat mit der Reizung des Mundes und seiner Geschmacksnerven zu tun. Indem wir Nahrung aufnehmen, tun wir uns etwas Gutes an, verwöhnen uns. Deshalb sind Essen und Sexualität eng miteinander verbunden. Man hat jemand „zum Fressen gern", und das Liebesspiel kennt entsprechende zahlreiche Varianten, die in diese Richtung weisen. Nahrung wird verschlungen, wie man bildlich gesprochen einen Partner verschlingt, mitunter nämlich mit Haut und Haaren! Sich kennenlernen, anbändeln, sich näherkommen und schließlich „intim" miteinander sein, werden oft durch eine Einladung zum Essen eingeleitet. Dies wird später, wenn auch im negativen Sinne, im Ritual der Scheidung erneut vollzogen, denn geschieden und getrennt wird von „*Tisch* und Bett".

Entwickelt man diesen Gedanken einer engen Verknüpfung von Nahrungsaufnahme und Sexualität weiter, dann wird ersichtlich, weshalb ein reifendes Mädchen die Nahrung verweigert: Unbewußt demonstriert es Ablehnung der Sexualität, die mit der Annahme von weiblicher Rolle unweigerlich verbunden wäre. Abwehr, Verweigerung und Verdrängung des Triebgeschehens sind die der Anorexia zugrundeliegenden Ursachen, die im Kontext zur Identitätskrise und zum Rollenkonflikt die Dynamik und auch Tragik dieses krankhaften Geschehens ausmachen.

Probleme der Fett- und Magersucht bei Jungen

Mit der Geschichte vom Suppenkaspar ist wirklich ein verzwicktes Entwicklungsproblem angesprochen worden, jedenfalls soweit es pubertierende Mädchen betrifft. Aber offensichtlich geht es hier nicht um ein Mädchen, sondern, wie jeder sehen kann, um einen Jungen, so wird der kritische Leser einwenden. Was hat das alles mit diesem Suppenkaspar zu tun, der wohlgenährt und kugelrund eher von seinen Formen und dem Äußeren her einem Weibe, denn einem drahtigen, schlanken Jungen entspricht. Kämpft er etwa gegen die ihm möglicherweise aufgezwungene Rolle, den weiblichen Part zu übernehmen und demonstriert durch seinen Starrsinn und den weiteren Verlauf, der ihn immer dünner werden läßt, daß ihm wichtiger ist, ein kerniger Junge, ein sehniger Kerl zu werden – selbst wenn es sein Leben kosten würde?

Mag sein, daß dieses Motiv sein Verhalten bestimmen könnte. Doch aus den uns bisher vorliegenden und psychologisch hinreichend aufbereiteten klinischen Fällen von Magersucht bei Jungen ergibt sich, daß Nahrungsverweigerung im allgemeinen ein Rückfall in frühkindliches Verhalten ist, eine Regression auf infantile Teilstrukturen, die oft bei überdurchschnittlich intelligenten Kindern beobachtet wird. Sie bedienen sich dieses verhängnisvollen Mechanismus, um etwas für sie wichtiges zu erreichen. Sie möchten den ursprünglichen Fütterungsmodus behalten, weiterhin verwöhnt werden, Kleinkind bleiben, keine Verantwortung auf sich nehmen, nicht selbständig sein und nicht erwachsen werden. Daher bauen sie eine Verweigerungsneurose auf, die sich dann oft nahtlos an Überfütterung, Übergewicht und Fettsucht – von den Ärzten Adipositas genannt – als Pubertätsmagersucht anschließt. Neigung zu Gefräßigkeit und zum Fettansatz wie auch die Tendenz, durch Nahrungsverweigerung allmählich dünn wie ein Strich zu werden, sogar zu verhungern, hängen mitunter eng zusammen. Das eine Symptom kann – wie beim Suppenkaspar durch die graphische Lösung in Form der Null-Figur und durch die entsprechende Demonstration (!) des Jungen – in das andere umschlagen, ist aber in gleichen oder ähnlichen psychologischen Bedingungen angesiedelt.

Die Grundlagen dafür beginnen bereits im Kleinkindalter. Schon ein Baby lernt schnell, den eigenen Körper zu Machtkämpfen mit seiner Umwelt und hier besonders gegen die Eltern einzusetzen. Unlust und Spannungen werden beispielsweise durch erhöhten Nahrungskonsum ausgeglichen. Der Psychologe spricht von oraler Fixierung, wenn man sich angewöhnt, Nahrung – oder später als Heranwachsender andere Genußmittel – in vielfältiger und zu umfangreicher Weise gleichsam als Trost aufzunehmen. Nicht zufällig spricht der Volksmund bei den Erwachsenen hier vom „Kummerspeck". Andererseits wird durch Verweigerung des Essens, durch Dickköpfigkeit und Starrsinn versucht, den eigenen Willen durchzusetzen. Die Spielarten sind da recht unterschiedlich und von Fall zu Fall verschieden. Reifere Formen der Auseinandersetzung mit der Umwelt werden aufgrund einer immer größer werdenden Abhängigkeit von Eltern, speziell von dominanten oder zur Überfürsorge, zu „over-protection" neigenden Müttern, nicht erworben oder gebremst, können nicht ausgebaut und angewendet werden. Es entsteht häufig eine Expansions- und Aggressionshemmung, die sich für den Persönlichkeitsaufbau eines Jungen negativ auswirkt. Statt sich durchzusetzen, frißt man im wahrsten Sinne des Wortes den Ärger in sich hinein, und nicht nur diesen, sondern erhebliche Nahrungsmengen – „aber bitte mit Sahne" – als Äquivalent für aufkommende Depressionen. Man betäubt die „Wut im Bauch" und kompensiert unerfüllte Sehnsüchte. Die ohnehin schon nicht sachgerecht zu bewältigende Lebenssituation wird durch die damit verbundene Gewichtserhöhung, die Verunstaltung der Figur immer schwieriger, die Unzufriedenheit mit dem eigenen Äußeren, dem psychischen und physischen Erscheinungsbild immer größer. Ein Teufelskreis, aus dem ein Mensch nur herauszukommen glaubt, indem er konsequent hungert. Zunächst mag das noch ein sachangemessenes und den Konflikt lösendes Verhalten sein. Doch der Rubikon ist mitunter schnell überschritten, besonders dann, wenn Körper und Psyche sich derart auf die verminderte Nahrungsaufnahme umstellen, daß immer weniger davon benötigt wird. Aus der Fettsucht entwickelt sich eine Magersucht, die mitunter eine klinische Behandlung mit zusätzlicher psychologischer Therapie erforderlich macht.

Zur sozialen Funktion des Essens

Bei Jungen trifft man diese Symptomatik jedoch seltener an. Es sind Mädchen, die auf diesem Klavier, was Ohnmacht und Macht anbelangt, hervorragende, aber nervenaufreibende Partituren zu spielen vermögen. Warum wählt Hoffmann dennoch einen Buben zur exemplarischen Demonstration solchen Fehlverhaltens? Ist es wieder die Technik der Verkehrung ins Gegenteil: Statt des Mädchens wird der Junge gewählt, um zu kaschieren, zu verdecken, uns in die Irre zu führen, den eigentlichen Tatbestand zu verschleiern und seine Hintergründe im Dunkeln zu lassen? Zufall, Absicht oder Unkenntnis des Autors über diese damals kaum bekannten psychologischen Tatbestände der Magersucht? Oder wird ein Junge gewählt, um auf den Aspekt des *Macht-* und Anerkennungskampfes mit den Eltern besonders nachdrücklich zu verweisen? Schon im ersten Bild stampft der Suppenkaspar so heftig mit dem Fuß auf, daß man fürchtet, die Dielenbretter unter ihm würden zerbrechen. Dieses trotzige „Auftreten" eines widerborstigen, renitenten Jungen, in welchem Gegensatz befindet es sich doch zu dem depressiv-gefügigen Stillhalten des traurigen Konrad aus der Darstellung zuvor. Aber um wieviel schwerer muß dann auch die Strafe für soviel Aufsässigkeit und Protest ausfallen! Hier genügt keinesfalls der Verlust der Daumen, Tod ist die angemessene Sühne!

In einem eigenartigen Widerspruch zu diesem wütenden und entschlossenen Verhalten steht die Tatsache, daß er (Suppen-) Kaspar genannt wird. Das ist ein Name, dem man jemanden gibt, der als Spaßmacher und drolliger Kerl für nicht voll genommen wird. Da drängt sich einem Betrachter der Verdacht auf: Die Eltern spüren nicht die Bedürfnisse ihres Sohnes nach Beachtung und Zuwendung. Sie nehmen ihn vermutlich nicht ernst genug, akzeptieren ihn nicht so, wie er sich selber sieht oder gern sein würde. Ein Kind zu überfüttern, mag fälschlicherweise als Fürsorge angesehen werden. Kinder haben jedoch ein feines Empfinden dafür, ob sie wirklich anerkannt und geliebt werden.

Nun spricht die Art und Weise, wie das Mahl zubereitet, der Tisch gedeckt und das Essen angeboten wird, eine deutliche Sprache. Die Lieblosigkeit, die dieser Tisch erkennen läßt, auf dem sich nur Teller und Löffel befinden, berechtigt zu der Frage, wer da noch Appetit bekommen soll. Und immer wieder gibt es Suppe; da wird einem die Lust am Essen gründlich verdorben! Schließlich ißt doch das Auge mit, wie jeder weiß, und man speist am liebsten in Gesellschaft, mit den Eltern oder mit anderen. Essen hat eine soziale Bedeutung. Manchmal sind Situationen und Kommunikation – nicht das, was, sondern die Umstände, *wie* gegessen wird – wichtiger als die Nahrung selbst. Wer allein gelassen wird wie der Suppenkaspar, der ist dann wirklich zu bedauern. Verlassen und isoliert, nimmt er lieber in Kauf, sterben zu müssen, als sich derart behandeln zu lassen.

Man sollte sich klarmachen: Für viele Kinder ist das Essen eine der wenigen, seltenen Augenblicke, die sie am Tag als Gemeinsamkeit in der Familie erleben. Daß dabei von Vater und Mutter schwerwiegende Fehler begangen werden können, wird uns noch die Geschichte vom Zappelphilipp zeigen. Aber dem Suppenkaspar hätte es sicher schon geholfen, für Abwechslung in der Speisenfolge zu sorgen und nicht mit dieser Impertinenz darauf zu bestehen, daß Suppe – und die immer wieder mit tödlicher Konsequenz – angeboten wird. Zwar mag Eintopf bei Erwachsenen heutzutage sich wieder zu einer Delikatesse entwickeln, aber Kinder mögen sie selten. Mädchen und Jungen nach ihrem Lieblingsgericht zu fragen, das öfter als einmal in der Woche und wenn möglich sogar dieses mit ihnen zusammen zu bereiten, alles das kann Komplikationen beim Essen am Tisch vermeiden helfen. Leider neigen wir auch heute noch mitunter zu Sprüchen wie „Solange Du Deine Füße auf meinen Tisch legst – früher hieß es einmal *unter* meinen Tisch streckst – wird gegessen, 'was die Kelle gibt'!" Das ist die Verschlüsselung des Machtanspruchs „Hier bin ich der Herr im Haus, hier habe noch immer ich zu bestimmen – und über Dich als *mein* Kind – auch wenn Du schon größer oder sogar erwachsen bist!" Machtanspruch und ein positives, annehmbares soziales Klima schließen einander jedoch aus. Da muß man sich nicht wundern, wenn es in manchen Familien zu einem folgenschweren, verhängnisvollen Disaster kommt.

Die Mutter als Schicksal

Immer wurde von den Eltern oder der Mutter gesprochen, doch wird der Betrachter der Bilder sich fragen, wo die hier zu finden sind. Offensichtlich ist der Struwwelpeter allein mit seinen Problemen; ein Kind ohne Partner, was seine Verzweiflung erklären könnte. Aber ist die Mutter tatsächlich abwesend? Der Autor hat sich im Suppenkaspar sowohl einer graphischen als auch textlichen Codierung bedient, die genial genannt werden kann. Wie sollte schon eine Suppe auf den Tisch kommen, wenn sie nicht gebracht wird? Und durch wen sollte sie serviert worden sein? Hoffmann erweist sich wiederum als ein Meister des Textens: „Doch als die Suppe kam herein." Als ob die Suppe Beine hätte! Aber in Verbindung mit dem Bild ergibt sich der Sinn. Suppe und Suppenschüssel repräsentieren die Mutter. Eine Mutter, die so gewaltig und gewalttätig ist, daß sie – den Jungen gleichsam erdrückend – den Tod des Sohnes bewirkt. Jedenfalls steht die Suppenschüssel in dominanter, alles beherrschender Weise schließlich sogar auf dem Grab des unglücklichen Kaspar.

Und noch etwas fällt in diesem Zusammenhang auf: Während in allen anderen Geschichten Hoffmanns die Bilder so aufeinanderbezogen sind, daß sie gleichsam nahtlos ineinander übergehen, werden sie in der vom Suppenkaspar von eins bis fünf numeriert, gleichsam als würde ein Boxer „ausgezählt" und damit die Unaufhaltsamkeit des Geschehens, seine nicht mehr zu bremsende Dynamik auf besondere Weise unterstrichen.

Die Mutter als Bezugsperson der ersten Stunde, die aus ihren Brüsten dem Baby die lebenserhaltende Nahrung spendet und später nicht nur für das leibliche, sondern vor allem für das psychische Wohlbefinden ihres Kindes durch Zärtlichkeit und Liebe sorgt, mit *ihr* liegt der Junge im Clinch! War es in der Geschichte vom bitterbösen Friederich der Vater, der den Konflikt verursachte und damit das Unglück herbeiführte, hier ist es die Mutter, deren folgenschwere Bedeutung für die Entwicklung eines Menschen zu einem viel schlimmeren, dem katastrophalen Schluß der Handlung führt. Nur wenige Kinder enden auf diese tragische Weise wie der Suppenkaspar. Aber viele werden zu Erwachsenen, ohne erwachsen zu sein! Manche werden von den Elternleitbildern nicht nur in ihrer Kindheit, sondern noch in späteren Lebensjahren förmlich in die psychische und physische Enge getrieben. „Die Mutter als Schicksal" hat der Psychologe Felix Schottländer eines seiner Bücher genannt. Man erfaßt wohl den Sinn dieser Geschichte von Hoffmann erst ganz, wenn man sie nicht nur als ein Drama von Verweigerung und Tod, sondern als eine Darstellung von Verlust und Selbstverlust einer Person, von Verlust der Identität, der Selbstverwirklichung, der Zufriedenheit und des Lebensglücks begreift, sie in sich aufnimmt und für die Erziehung der eigenen Kinder dann positiv verarbeitet.

Vielleicht wird auch ganz anders ein Schuh daraus?

Vielleicht kann man den Suppenkaspar auch ganz anders (*über-*)interpretieren, indem man sein typisches Schicksal als Fortsetzung der Geschichte vom Konrad ansieht. Es könnte hier in fast bis zur Unkenntlichkeit getarnten Form noch einmal die Frage der Sexualität aufgegriffen sein, wiederum mit der verschlüsselten Warnung, ja nicht etwas zu wollen und nicht schon zu sein, was einem in diesem kindlichen Alter aus moralischen Gründen nicht einmal in den Sinn kommen sollte. So verweist Peter Gay in dem aufschlußreichen Buch „Erziehung der Sinne – Sexualität im bürgerlichen Zeitalter" auf „Träume vom Geschlechtsakt, in denen der *Körper als Ganzes* die Stelle des Penis vertritt"! Unter dem Aspekt der Organverschiebung könnte sich hier ein mögliches, zu frühes sexuelles Erwachen und die damit verbundene Erektion des Gliedes auf den ganzen Kerl, den „prallen, runden Kaspar" beziehen. Indem dieser dann immer schmaler wird, schließlich zum Strich und damit wieder abgeschlafft und dünn geworden ist, erinnert man Kaspar und die lesenden Kinder an das, was aus erzieherischen Grundsätzen eigentlich von ihnen verlangt wird.

Daß Wohlbeleibtheit des Jungen tatsächlich etwas ganz anderes meinen könnte, wird an einer Interpretation deutlich, die Carl-Heinz Mallet in seinem interessanten Buch „Kennen Sie Kinder? – Wie Kinder denken, handeln und fühlen, aufgezeigt an vier Grimmschen Märchen –", für Teile des Märchens von Hänsel und Gretel gibt. Dort heißt es, nachdem Hänsel und Gretel sich im Wald verliefen, in das Knusperhäuschen gekommen und von der Hexe festgehalten wurden:

„Jeden Tag schleicht sich die Hexe zu ihm und ruft: ‚Hänsel, streck deine Finger heraus, damit ich fühle, ob du bald fett bist.' Hänsel ist schlau und tat das nicht. Statt dessen streckt er ein ‚Knöchlein' hinaus. Darum wird er nicht gefressen. Dies ist nun eine merkwürdige Szene. Bei Bechstein sagt die Hexe, er solle *einen* Finger durchs Gitter stecken, und das wird auch weniger rigorose Psychoanalytiker zu dem Schluß kommen lassen, daß gar nicht der Finger, sondern Hänsels Penis gemeint sei. Tatsächlich kontrolliert sie seinen Entwicklungsstand. Sie will wissen, wie reif er ist. Sie will sich davon überzeugen, daß er kein Kleinkind mehr ist. Mit denen kann sie nichts anfangen, denn Kleinkinder sind Neutren. Sie wartet darauf, daß Hänsel endlich aus seiner egoistischen Selbstbezogenheit herauskommt, ein Junge wird und ihr mit jungenhafter Wärme, Zärtlichkeit und Zuneigung entgegenkommt."

Der Umfang Hänsels, vor allem, was den Finger anbelangt, ist nach Mallet ein Indiz für seinen Entwicklungsstand und die damit einhergehenden sexuellen Wünsche und Begierden. Vielleicht will in ähnlicher Weise die Geschichte vom Suppenkaspar vor solch einem vorzeitigen Aufbrechen von Sexualität warnen?

Dieser Verdacht könnte durch eine Reihe von Struwwelpetertravestien erhärtet werden. Dort werden Männer, die über eine besondere (politische) Potenz und damit auch über die entsprechende Körperfülle verfügen, durch die von ihnen verursachten Händel immer dünner, bis auch sie zum Strich und so klein geworden sind, daß sie schließlich ganz verschwinden. Dafür einige Beispiele: Im „*Schwellkopf* Wilhelm", einer englischen Parodie auf den deutschen Kaiser, „der keine Friedenssuppe möchte", wird Wilhelm II. innerhalb von 4 Wochen so (impotent-)schwach, daß es wohl bald ganz mit ihm vorbei sein dürfte. In der deutschen Antwort auf dieses Buch, dem „Kriegs-Struwwelpeter", ist John Bull „ein dicker Bub und kugelrund, sein Beutel ist zum Platzen voll (!)". Aber auch er wird schließlich dünn wie ein Faden, bis „durch die deutschen Waffen seine Meeres*herrschaft* war vorbei." Der „Struwwel-Hitler", eine englische Struwwelpeter-Travestie, zeigt in der Geschichte vom Hermann Göring, der keine Butter wollte, „daß er war ganz schön gewichtig". Aber da er nur nach Kanonen verlangt, sieht es schließlich ein jeder: „Das kann nicht sein, er geht wie ein Pullover ein und war doch fett erst wie ein Schwein!" Das Schicksal, der Feind, der Übervater, Gott schließlich straft alle diese Männer folgerichtig mit Gewichtsabnahme, nimmt ihnen damit ihre Potenz und läßt sie zum dünnen Faden verkümmern. Eine Art von Prophylaxe auch für den Suppenkaspar, um das (möglicherweise zu früh eregierte) Glied vor der Kastration durch den Vater zu bewahren?

Aus einer ganz anderen Perspektive ein weiteres Beispiel dafür. Auf Einladung des Sächsischen Kurfürsten und Königs von Polen war Friedrich Wilhelm I. 1728 zu einem Staatsbesuch nach Dresden gereist, wozu er seinen Sohn nachkommen ließ. Für den Kronprinzen war das prunk- und genußvolle, leichtfertige Leben im Gegensatz zur spartanischen Strenge und bescheidenen Hofhaltung in Berlin dort voller Anfechtungen. Bald scheint Friedrich, den man später den Großen genannt hat, den Verlockungen, Vergnügungen und galanten Abenteuern erlegen zu sein. Jedenfalls wird berichtet, daß an einem Abend nach ausgedehntem Gelage der polnische König seine Gäste in ein Gemach führte, wo zu einem eindeutigen Zweck eine nackte Schönheit auf einem Bett in Erwartung der Herren bereit lag. Dem preußischen König gelang es nach der ersten Überraschung, seinen Sohn gerade noch aus dem Zimmer zu drängen! Der aber kehrte nach diesem Erlebnis wie verändert nach Berlin zurück. Von tiefer Melancholie befallen, *magerte* er so ab, daß sein Vater am 8. Mai 1728 an den Alten Dessauer schrieb: „Mein Sohn geht herrumb wie ein s(ch)atten, isset nits; ich halte ihn (für) kaput, wo es sich in kurtzen nit enderdt . . ." Bei einem solch autoritären Vater, der zwei Jahre später sogar den Offizier Katte wegen Beihilfe zur Desertation vor den Augen seines Sohnes, eben weil der junge Friedrich den Versuch gewagt hatte, seinem strengen Regiment zu entfliehen, enthaupten ließ, sicher die angemessene Reaktion des Kronprinzen, um einer möglichen (Kastrations-)Strafe für die in Dresden gezeigten sexuellen Impulse und den damit verbundenen Anfechtungen zu entgehen.

Aber wie gesagt: Das alles kann sicher als eine Interpretation angesehen werden, die der harmlosen Geschichte von einem Jungen, der seine Suppe nicht essen wollte – die ihn in der Rolle des Kleinkindes fixiert, wie ausgeführt wurde – ein unnötiges, falsches (Über-)Gewicht gibt. Bleiben wir daher bei den zuvor angestellten Erklärungen, es sei denn, aus eigenen Erfahrungen möchte sich der eine oder andere Leser beim Schütteln seines Kaleidoskops auch mit solchen Deutungen befreunden.

Kapitel VIII

Die Geschichte vom Zappel-Philipp

Ob der Philipp heute still
wohl bei Tische sitzen will

oder

Vorsicht: Wer sich bewegt, kann fallen;
aber nur wer sich bewegt, kann lernen

Arznei gegen Zappler

Rund 60 Millionen Psychopharmaka werden alljährlich in der Bundesrepublik verschrieben. Das ist bekannt. Weitgehend unbekannt ist, wieviel davon Kinder und Jugendliche schlukken. Die Pharmaindustrie hält diese Zahlen unter Verschluß. Da es auch sonst nur wenige Stichprobenerhebungen gibt, müssen häufig Statistiken aus den Vereinigten Staaten – dort besteht Meldepflicht – auf bundesdeutsche Verhältnisse hochgerechnet werden.

Nach der Hochrechnung des IMS werden – laut „arznei-telegramm" – in der Bundesrepublik pro Jahr allein 400 000 Hypnotika und Sedativa an Kinder unter 12 Jahren verschrieben, darunter abhängigkeitserzeugende Schlafmittel. 100 000 Antidepressiva-Verordnungen wurden in dieser Altersgruppe gezählt.

(„Psychologie heute", März 1986)

Die Geschichte vom Zappel-Philipp.

„Ob der Philipp heute still
Wohl bei Tische sitzen will?"
Also sprach in ernstem Ton
Der Papa zu seinem Sohn,
Und die Mutter blickte stumm
Auf dem ganzen Tisch herum.
Doch der Philipp hörte nicht,
Was zu ihm der Vater spricht.
Er gaukelt
Und schaukelt,
Er trappelt
Und zappelt
Auf dem Stuhle hin und her.
„Philipp, das mißfällt mir sehr!"

Seht, ihr lieben Kinder, seht,
Wie's dem Philipp weiter geht!
Oben steht es auf dem Bild.
Seht! Er schaukelt gar zu wild,
Bis der Stuhl nach hinten fällt;
Da ist nichts mehr, was ihn hält;
Nach dem Tischtuch greift er, schreit.
Doch was hilft's? Zu gleicher Zeit
Fallen Teller, Flasch' und Brot.
Vater ist in großer Not,
Und die Mutter blicket stumm
Auf dem ganzen Tisch herum.

Nun ist Philipp ganz versteckt,
Und der Tisch ist abgedeckt.
Was der Vater essen wollt',
Unten auf der Erde rollt;
Suppe, Brot und alle Bissen,
Alles ist herabgerissen;
Suppenschüssel ist entzwei,
Und die Eltern stehn dabei.
Beide sind gar zornig sehr,
Haben nichts zu essen mehr.

Den Zappel-Philipp kennt man noch heute

Von allen Figuren des Struwwelpeter-Buches hat sich die des Zappelphilipp wohl am längsten gehalten. Jedenfalls benutzen diesen Begriff immer noch Eltern, wenn sie ihre unruhigen Sprößlinge ermahnen. Man sieht, es geht bei der Geschichte vom Zappel-Philipp um ein aktuelles Problem, bei dem Tisch und Essen im Mittelpunkt der Szene stehen. Allerdings ist es diesmal kein lieblos gedeckter, fast leerer Tisch, auf dem sich lediglich Teller und Löffel befinden. Hier breitet sich Fülle und bürgerlicher Wohlstand aus; sogar Wein und Brot werden zur Suppe gereicht. Das den Text verzierende Beiwerk, der Schinken, die Weinflasche, die Weintrauben, der Kaffee, alles verrät, wie nahrhaft, wie bekömmlich und exquisit die angebotenen Gerichte sind. Dies hat, wie oft in den Geschichten Hoffmanns, einen wichtigen Hinweis-Charakter. Es läßt den tragischen Ausgang ahnen: Aus dem köstlichen Mahl wird nichts; es fällt hier buchstäblich unter den Tisch. Zum Schluß bleibt nur noch die Rute für den Zappelphilipp, der mit seiner ungesteuerten Motorik und ungebremsten Wildheit die Tischdecke herunterreißt und mit dem Stuhl stürzend vom Mittagsmahl, Geschirr und Tischtuch bedeckt wird. Offensichtlich gibt es Zusammenhänge mit dem Suppenkaspar. Wie der seine Probleme mit ins Grab nimmt und aus den Augen des Betrachters verschwindet, ist auch der Zappelphilipp schließlich nicht mehr zu sehen. Aber ob damit die Schwierigkeiten nun wirklich behoben oder, um im Bild zu bleiben, nur unter den Teppich, in diesem Fall unter die Tischdecke gefegt worden sind?

Etwas läßt uns bei diesem Durcheinander aufatmen: Zu allen Zeiten oder zumindest bereits in denen Hoffmanns scheint es unruhige, wilde, motorisch lebhafte, zappelnde, kippelnde Kinder gegeben zu haben, die für Erwachsene, für Vater und Mutter, zum Problem wurden. Vielleicht hat deshalb der Begriff des „Zappelphilipp" ein Jahrhundert überdauert? Nichts unterscheidet in dieser Beziehung die Kinder heute von denen um 1850. Kindheit ist Leben, Motorik, Bewegung, Aktion schlechthin. Es gibt Entwicklungs- und Lernpsychologen, beispielsweise den bekannten Schweizer Jean Piaget, welche die Motorik als primäres Element des Lebens und als ein Baustein der Intelligenz zum Mittelpunkt ihrer Theorie von der Entwicklung der sensomotorischen und kognitiven Fähigkeiten machen. Wer lernen will, muß sich bewegen; Immobilität wäre Stillstand von Anfang an, ist Rückschritt und paßte in keinen Lebensabschnitt des Heranwachsenden. Nur wer sich seinem psychischen und physischen Ende nähert, gelangt zur inneren und damit auch äußeren Ruhe. Die sehnt der Mensch sich mit zunehmendem Alter zwar genau so herbei, wie er sie verständlicherweise gleichzeitig fürchtet.

Tischmanieren und Kindererziehung

Es ist wohl schon immer schwierig gewesen, Kinder zu motivieren, daß sie am Tisch sitzen bleiben, „nicht kippeln und schaukeln", den Umgang mit Messer und Gabel lernen, daß sie nicht kleckern, sondern essen, wie es die Erwachsenen tun und auch die Sache selbst es verlangt. Man kann sich da in Eltern einfühlen: Irgendwo muß es doch einmal in der Familie einen Mittelpunkt, muß es Ruhe und Gemeinsamkeit geben! Beim Suppenkaspar verwiesen wir auf die Funktion des gemeinsamen Essens und nannten es ein wichtiges familiäres und soziales Ereignis. Zusammen genießt man, kann sich unterhalten, Informationen austauschen, Meinungen wechseln, Empfindungen mitteilen, die „Häupter seiner Lieben zählen" und sich ihres Anblicks erfreuen. Idealvorstellungen, die zunächst Wunschvorstellungen bleiben. Wie das so läuft, es klappt damit bei den Kleinen überhaupt nicht. Man hat das Gefühl, andere Kinder, besonders die der Nachbarn oder Freunde, wären längst schon soweit, könnten es besser, würden sich da viel angepaßter und angemessener verhalten. Nur das eigene Kind scheint ein Ungeheuer am Tisch zu sein. Beobachtet man aber die Realität, die Sprößlinge der Verwandten und Bekannten, sitzt man beispielsweise im Restaurant, befindet man sich auf einer Ferienreise, da kann man es sehen: Bei anderen geht es meist nicht besser, sondern eher schlechter. Was zunächst als individuelles Übel erlebt wird, scheint ein allgemeines, ein verbreitetes zu sein. Etwas indigniert blickt man dann darüber hinweg, läßt Kinder gewähren, bemäntelt den fehlenden eigenen erzieherischen Zugriff mit einer pädagogischen Ausrede – meist muß die antiautoritäre Erziehungsideologie dafür herhalten – zeigt ein Übermaß an Geduld und Verständnis. Schließlich hofft man wie bei den anderen Unarten darauf, daß Kinder ohnehin irgendwann in ein heiratsfähiges Alter kommen und, um es ironisch auszudrükken, die Ehefrauen es ihnen schon „zeigen" werden.

Spätestens da klappt es denn auch, dem Weibe zuliebe. Schließlich will man ihm imponieren, und plötzlich fällt's einem ein „wie's die Eltern haben getan" und wie man selbst als Vater und als Mutter es Kindern klarzumachen und beizubringen hat.

Zwar breiten sich heute andere Manieren aus: Man kommt zu Tisch oder geht wieder, wann es einem gerade paßt, das Gespräch verstummt nur allzuschnell oder kommt erst gar nicht auf, denn der auch zur Mahlzeit nicht abgestellte Fernseher ersetzt es vollkommen. Die Familie ist ohnehin aufgrund der Berufstätigkeit beider Eltern oder der noch im Haushalt lebenden Heranwachsenden nicht nur steuerlich, sondern auch was die Mahlzeiten anbelangt gesplittet. Knigge und Pappritz sind kaum noch „in", die Zeiten haben sich gewandelt, eine gewisse Großzügigkeit hat sich ausgebreitet. Toleranz ist angesagt, zumindest eine gewisse Nachsicht gegenüber dem Nachwuchs, weil der das ganze erst einmal begreifen und sich daran gewöhnen muß.

Hinzukommt, daß viele Kinder immer noch nicht über die Bewegungsfreiheit und Auslaufmöglichkeiten verfügen, die zu einer gesunden Entwicklung erforderlich sind. Kein Wunder, wenn unter ihnen heutzutage die „Hypermotoriker" überhand zu nehmen scheinen. Da gibt es, wie die Psychologie es nennt, das „Hyperkinese-Syndrom", was nichts anderes besagt als überhöhter Bewegungsdrang, geringe Konzentration und leichte Ablenkbarkeit bei Kindern. Fast zehn Prozent von ihnen sollen bis zum 5. Lebensjahr an solchen Symptomen „erkrankt" sein. Bei Jungen wäre es dreimal häufiger als bei Mädchen nachzuweisen. Vielleicht deshalb schon damals der „Zappel-Philipp" und nicht das „Zappel-Paulinchen"? Doch hat man von Mädchen schon immer behauptet, sie seien artiger, braver und ruhiger als Jungen, kurzum leichter zu erziehen und deshalb besser zu(m) leiden! Jedenfalls hat das erst jüngst wieder eine englische Studie ermittelt, bei der die Auswertung von 30 000 Fragebogen ergeben haben soll, daß Mädchen während der Schulpause „aktuelle und ernste Probleme miteinander diskutieren, während die Jungen sich mehr auf dem Schulhof balgten".

Diese chronische Bewegungsunruhe, fast schon krankhafte Nervosität zu nennen, dürfte eine innere Friedlosigkeit verraten, wie manche Psychologen meinen. Begründet wird dies neben dem Mangel an Bewegung mit einem Defizit an Geborgenheit, fehlender Zuwendung und Liebesverlust. Solche Kinder entwickeln dann Selbstbeschwichtigungsstrategien in Form von stereotypen und monotonen motorischen Abläufen bis hin zu den bekannten Jactationen, dem stundenlangen Hin- und Herschaukeln des Kleinkindes, womit erhebliche Kommunikationsstörungen verbunden sind. Man muß sich halt selbst beruhigen, wenn kein anderer da ist, der einen zu beruhigen versucht! Fachleute sind unentwegt bemüht, Erklärungen für diese auffälligen Phänomene erhöhter oder gestörter Motorik zu finden. Etwa solche wie: Es liegt eine Erkrankung und Störung des Gehirns vor, die sich auf diese Weise ausdrückt, oder bestimmte Hirnzentren sind durch die Bleibelastung der Umwelt in Mitleidenschaft gezogen, oder, wie der Amerikaner Feingold meint, dies alles sei eine allergische Reaktion auf die vielen künstlichen Farb- und Geschmacksstoffe in der Nahrung.

Mit Rezepten ist man (zu) schnell bei der Hand. Eine Diät ohne Zusatzstoffe wird verordnet, wirkt aber nur in zehn Prozent der Fälle – wohl eher im Sinne eines Placebo-Effektes – und auch nur bei jungen Kindern. So paradox es klingt: Aufputschmittel werden gegeben, besänftigen sogar bei vielen die motorische Unruhe und führen zur Verbesserung der Lernfähigkeit. Einmal von möglichen negativen Nebenwirkungen abgesehen, über Langzeiterfolge weiß man noch nichts zu berichten; und der schon vorhin erwähnte Einbildungs-Effekt mag auch hier eine wichtige Rolle spielen. Am wirksamsten hat sich bisher eine psychologische Betreuung, eine Therapie erwiesen, die aufgabenbezogenes und aufmerksames Verhalten systematisch fördert. Was auch immer zutreffen mag, halten wir uns zunächst an die banal wirkende Erklärung, daß es wahrscheinlich und in den meisten Fällen zu einer frühen Hemmung des normalen Bewegungsdranges bei einem von Natur aus besonders lebhaften Kind gekommen ist, wenn es noch als Heranwachsender am Tisch „kippelt und wippelt" oder anderswo auch nicht zur Ruhe kommt.

Die Geschichte vom Zappelphilipp – ein Familiendrama?

Wahrscheinlich aber greifen wir zu kurz, wenn mit solchen Erklärungen allein versucht wird, die Geschichte vom Zappelphilipp an einer motorischen Störung oder ominösen Krankheit des Jungen festzumachen. Dem aufmerksamen Betrachter fällt etwas anderes auf: Hier ist nämlich zum ersten und einzigen

Mal im Struwwelpeterbuch die ganze Familie konkret und unverschlüsselt in einer Situation präsent. Während der Suppenkaspar an totaler Vereinsamung litt, die Anwesenheit der Eltern höchstens in verschlüsselter Form erraten oder gedeutet werden konnte, hier sind sie beieinander, denn „Vater, Mutter und Kind bei Tisch versammelt sind". Es ist die typische Kleinfamilie unserer Tage – statistisch gesehen besteht sie 1985 aus zwei Erwachsenen und 1,4 (!) Kindern – während zur Zeit Hoffmanns zwei bis vier Geschwister fast in jeder Familie anzutreffen waren. Man kann daher vermuten, daß Hoffmann gleichsam verkürzt und aus methodischen Gründen solch eine „Restfamilie" vorführt, weil es hier nicht um den Jungen, sondern um etwas ganz anderes geht.

Nicht die Unart des Kindes steht im Mittelpunkt, wie man auf den ersten Blick annahm, sondern die Familie und deren Probleme, die sich aus der Beziehung eines jeden zu jedem ergeben, sie bilden den Kern der Angelegenheit. Man bekommt einen Einblick in die „Beziehungskiste", das Auf und Ab menschlicher Leidenschaften, wie es heute treffend heißt. Zugegeben, so wie man's dort sieht, ist es nicht nur dramatisch, sondern melodramatisch und fast verlogen, wenn man am Schluß liest „die Eltern sind gar zornig sehr, haben nichts zu essen mehr". Als wenn hier, und das schmückende Beiwerk hat es deutlich gemacht, Küche und Speisekammer nicht gut gefüllt und jederzeit Ersatz für die verdorbenen Lebensmittel zu beschaffen wäre. Aber wirkt nicht manches an dieser Familienatmosphäre gespannt und unfreundlich? Könnte der Hinweis auf das verdorbene Essen nicht auch eine Anspielung auf psychische Qualitäten und emotionale Wärme sein, an denen es hier mangelt? Bevor wir uns in Spekulationen verlieren: Jedenfalls ist das, was da läuft, ein Familiendrama in mehreren Akten, wobei das Verhalten jeder Person Auswirkungen auf die anderen Anwesenden hat und alle Handlungen im Sinne von Ursache-Wirkung eng miteinander verzahnt und wechselseitig aufeinander bezogen sind.

Nehmen wir unter diesem Gesichtswinkel die Beteiligten einmal unter die Lupe. Die Mutter befindet sich zwar optisch in der Mitte zwischen Vater und Sohn, ohne der Mittelpunkt der Familie zu sein, da sie nur „stumm auf dem Tisch herumblickt". Sie bleibt aktionslos. Aber das täuscht! Da gibt es ihren kritischen Blick, der durch das Lorgnon noch unterstrichen wird. Blicke können ein hervorragende pädagogisches Mittel sein, wie sich jeder aus seiner Kindheit erinnern kann, von dem Eltern und Lehrer hinreichend Gebrauch machen. Die Mutter zunächst stumm und regungslos, schon im zweiten Bild jedoch sieht man, wie sie sich förmlich aufbläht, gleichsam aufbläst, ihre Erregung in sich hineinnimmt oder gar nicht erst herausläßt, immer größer wird, bis sie schließlich — wie ihr Mann auch — aufspringt, den Vorgang mit entsetzter Miene verfolgt und ihr Mißfallen auf diese Weise deutlich ausdrückt.

Ganz anders dagegen der wie ein Haustyrann wirkende Vater. Optisch zwar an die Seite gerückt, aber dennoch in seiner autoritären Haltung ganz der damaligen Zeit entsprechend, ist er die wesentliche, wenn nicht sogar die dominierende, alles beherrschende, mahnende, warnende und damit die wichtigste Figur der Geschichte. Zwischen ihm und dem kippelnden, zappelnden Philipp, scheint es sich um eine Vater-Sohn-„Auseinandersetzung" im wahrsten Sinne des Wortes zu handeln. Wie der Vater mit dem aufgestellten Messer seiner Forderung „Ob der Philipp heute still wohl bei Tische sitzen will?" ein für allemal Nachdruck zu verleihen sucht! Einmal abgesehen von den schlechten Manieren, die der Papa mit dieser Haltung des Messers, welche jeder Tischsitte widerspricht (aber häufig bei unbedarften oder innerlich unsicheren Personen zu beobachten ist), seinem Sohn hier „vorexerziert", würde Freud dieses Messer vermutlich als ein Phallussymbol deuten und eine damit möglicherweise verbundene Kastrationsandrohung diagnostizieren. Jedenfalls ist auch der Ausgang dieses Konfliktes typisch. Der Sohn bleibt tatsächlich (noch) der Unterlegene, schließlich unten Liegende und durch die Autorität des Vaters zunächst Besiegte! Aber ob sich der Vater dieses Sieges, der sich auf Dauer gesehen als Pyrrhussieg erweisen wird, wohl lange erfreuen kann? Wo doch nun die Stimmung hin ist, und aus dem Mahl nichts mehr wird! Fast möchte man ironisch „Prost Mahlzeit" sagen, schon deshalb, weil der Philipp als ein Aspekt des aufrührerischen Struwwelpeter die mit den Tischsitten gemeinte alte Ordnung umgeworfen, die mit ihr verbundenen Zwänge aufgehoben hat und sowohl die beginnende Machtlosigkeit des Vaters als auch die der überholten bürgerlichen Ordnung demonstriert.

Als wir im Zusammenhang mit dem Zappelphilipp zunächst auf möglicherweise angeborene oder phasenbedingte, vielleicht auch durch die Umwelt hervorgerufene motorische Schädigungen verwiesen, bewegten wir uns bei dieser Art der Interpretation auf einer „personalen Ebene". Wir machten sozusagen die Schwierigkeiten einseitig an der Person des Jungen fest. Ihm schrieben wir eine „Krankheit" zu und interpretierten damit im Sinne des medizinischen Modells: Ein Kranker und zwei Normale, Gesunde; nämlich Vater und Mutter, die diesen „Kranken" ertragen müssen. Wenn wir aber *die Beziehung* zwischen Vater und Sohn zur Grundlage der Interpretation der Geschichte machen, begeben wir uns, um es bildlich zu sagen, aus einem ersten in ein zweites, auch qualitativ höheres Stockwerk der Erklärungen. Da geht es dann um ganz andere, wesentlich interessantere Sachverhalte: Um interpersonelle Beziehungen und deren Dynamik, die voller Spannungen sind. Hier kommt es zu einer Kraftprobe zwischen einem Mächtigen und einem Schwachen. Die Überlegenheit des Erwachsenen wird jedoch durch das widersetzliche Verhalten des Kindes, durch seinen Ungehorsam unterlaufen, durch seinen Widerstand schließlich sogar ad absurdum geführt.

Bezieht man nun noch die Mutter ein, und zwar nicht nur, indem man ihre scheinbar fehlende oder zu schwache Aktion in Richtung auf Sohn und Mann betont, sondern nach dem Sinn und Zweck der Interaktion *aller* Familienmitglieder zueinander fragt, dann befindet man sich gleichsam in einem dritten, für Deutungen noch ergiebigeren Stockwerk. Das wäre, wie Psychologen es nennen, der „systemische Ansatz". Dieser sieht die Familie als ein System von Beziehungen, wobei jeder mit jedem in Verbindung steht und diese Interdependenzen zum wesentlichen Merkmal der zwischenmenschlichen Beziehungen und Kommunikationen werden. Dabei gibt es keinen Alleinverursacher von Aktionen, sondern jeder trägt seinen Teil zur Handlung bei; die Suche nach einem „Schuldigen" ist müßig, jeder hat Mitverantwortung für alles, was da passiert. Dieses Beziehungsgeflecht und die sich daraus ergebenden emotionellen und sozialen Störungen werden zum Inhalt von Familientherapie, die heute immer mehr in Mode zu geraten und Einzeltherapie zu verdrängen scheint.

Wir verdanken Horst-Eberhard Richter, der in seinem Buch „Patient Familie" Grundstrukturen gestörten Familienlebens aufgezeigt hat, psychologische Einsichten, die uns an dieser Stelle das Recht zu mannigfachen Spekulationen geben. Wird die Familie von dem Vater so unterdrückt, daß niemand und nichts gegen ihn aufzumucken wagt; wird sie als Gemeinschaft nur noch aufrechterhalten, weil da ein Kind ist, wegen dessen man halt zusammenbleibt; ist vielleicht Philipp das die Ehe noch bindende Glied und wird in dieser Funktion von jedem (unbewußt) mißbraucht; wagt man nicht, sich zu trennen, weil man die negativen Reaktionen der Umwelt und Gesellschaft fürchtet; mangelt es einem an Mut, den „Schlußstrich" zu ziehen, weil man seinen eigenen Fähigkeiten und Möglichkeiten nicht traut; fehlt es an Einsicht und Umsicht zu erkennen, daß es so nicht geht; fühlt man sich trotz all dieser Widerwärtigkeiten an das Gebot „bis daß der Tod euch scheidet" unaufhebbar aneinander gebunden; möchte man das alles ändern, weiß aber nicht wie und wer einem dabei zu helfen vermag; befriedigt die Mutter in diesem Verband masochistische Tendenzen, die sie von ihrer Mutter einmal übernommen hat und auf die sie nicht mehr verzichten kann oder will; imitiert man die bei den Eltern erlebten Kommunikationsmuster, oder ist dies alles das übliche, zeitentsprechende „Familienspiel", welches nur auf dem Hintergrund der bürgerlichen Gesellschaft des 19. Jahrhunderts zu interpretieren ist?

Fragen über Fragen, die Antwort verlangen, welche selbst wieder zu Fragen werden. Jedenfalls wird deutlich, daß Philipp durch seine Unbotmäßigkeit, durch die Verweigerung des Gehorsams und das ungehemmte Ausleben seiner motorischen Bedürfnisse die Aufmerksamkeit der Familienmitglieder auf sich zu lenken versucht. Zugleich entlarvt er damit die Struktur und die Beziehungen dieser Familie und ihre Unfähigkeit, ihn in seinen Wünschen zu verstehen und mit diesen Bedürfnissen adäquat umgehen zu können. Statt nach dem körperlichen Schaden zu fragen, den das Kind möglicherweise durch den Sturz erlebt hat, statt die Bedürfnis- und Befriedigungslücken zu erforschen, die der Sohn in seiner bisherigen Entwicklung erfahren hat, wird über das verlorene Essen geklagt. Der *Mensch* Philipp wird für alle zu einer sekundären Angelegenheit, weil andere Dinge wichtiger sind: Gutsituierte Bürgerlichkeit, der ordentlich gedeckte Tisch, das bereitete Mahl, das zwanghaft wirkende Ritual! Wer dies nicht respektiert, ruft den Widerstand, den Unwillen und Mißmut, das Entsetzen der Beteiligten hervor, hat mit Tadel und Strafe zu rechnen.

Ruhe ist die erste Bürgerpflicht

Für die Eltern ist (motorische) Ruhe die erste Bürgerpflicht. Sie wird hier verletzt. Damit zeigt der Zappelphilipp einen der unangenehmen Züge der Struwwelpeterfigur: Er demaskiert wie dieser seine Umwelt, stellt ihre Schwächen und Unzulänglichkeiten bloß, offenbart ihren Mangel an Toleranz und ihre Spießbürgerlichkeit. Er deckt Fehlverhalten auf und räumt (den Tisch) ab! Wiederum wird der politische Aspekt des Struwwelpeter deutlich: Wie manche Gesellschaftskritiker, einige unliebsame Presseorgane und junge Parteien akzeptiert er nicht die bestehende (Un-)Ordnung, sondern löckt wider den Stachel dort, wo andere sich drücken, scheinbar zufrieden geben oder nichts zu sagen wagen. Solcher Aktivitäten aber bedarf es immer wieder, um eine erstarrende Gesellschaftsordnung aufzulockern und notwendigen Veränderungen einzuleiten. Nur so werden Utopien von heute die gesellschaftlichen Realitäten von morgen! Dabei sollte jedoch nicht verschwiegen werden, daß uns die Ereignisse in der Erzählung vom wilden Jäger skeptisch gestimmt haben. Doch wäre es falsch, sich ausschließlich daran zu orientieren. Das „Prinzip Hoffnung", um einen Begriff des Philosophen Ernst Bloch aufzugreifen, muß Antrieb, Motivation und Handlungsmaxime von Jugend bleiben.

Gehen wir noch einmal zurück zum Anfang der Geschichte. Wohin zielt eigentlich die Frage des Vaters: „Ob der Philipp heute still wohl bei Tische sitzen will?" Richtet sie sich wirklich nur an den Sohn, oder ist gar die Mutter gemeint? Etwa mit dem Unterton: Hast Du es immer noch nicht geschafft, diesen Jungen so zu erziehen, daß ich oder wir bei Tisch Ruhe haben? Oder fragt der Vater sich möglicherweise selbstkritisch, ob er in einer erzieherischen Funktion versagt habe? Schön und wichtig wär's, aber kaum anzunehmen. Das gäbe neue Fragen, denen wir jetzt nicht nachgehen wollen. Philipp jedenfalls scheint das alles nicht zu stören. Er hat seine Vorstellungen, läßt es auf eine Kraftprobe ankommen, die in das von Hoffmann anschaulich geschilderte Desaster führt. Dabei steht seine Motorik im Kontrast zur kontrollierten Starre und zwanghaften Haltung der Erwachsenen. Lebendigkeit, Aufmüpfigkeit kontra Disziplinierung; Ruhe und Beherrschung gegen Ausleben motorischer Bedürfnisse – wer wird letzten Endes den Sieg davontragen?

Die sich selbst erfüllende Prophezeiung

Hier wird ein Stück gespielt, an dem drei Personen beteiligt sind, und man erkennt, wer in diesem Skat wen womit wie reizt. Ist nicht die Frage des Vaters so angelegt, daß sie fast im Sinne einer sich selbst erfüllenden Prophezeihung zu dem Verhalten führt, das vermieden werden soll? Früher sprach man von der „Konträrsuggestion" und meinte damit, daß Kinder häufig das Gegenteil von dem tun, was man von ihnen erwartet oder (zu) ausdrücklich verlangt. „Stoß Dich nicht am Tisch, fall' nicht hin, reiß' die Vase nicht runter", mahnten überfürsorgliche Eltern – und schon war das Unglück geschehen. „Spiel nicht mit den Schmuddelkindern", wie der Liedermacher Franz Josef Degenhardt singt, und im nu hat das Kind Spielgefährten, die den Eltern nicht zusagen.

Heute durchschaut man diesen eigenartigen Vorgang psychologisch besser. Man weiß, daß unterschwellige Erwartungshaltungen, bestimmte Vorstellungen, Voreingenommenheiten und Beurteilungen fast zwangsläufig zu dem Verhalten führen müssen, das man zwar prophezeit hat, aber in dieser Weise nicht will. Um es an einem anderen Beispiel zu verdeutlichen: Ein Schüler, der vom Lehrer als Ansporn zu positiven Leistungen negative Zensuren erhält, verbessert sich selten. Er verschlechtert sich meist in Richtung auf die erteilte negative Note. Derselbe Schüler, dessen Leistung man weniger streng mit einer etwas besseren Zensur beurteilt, zeigt die Tendenz, tatsächlich nach einer gewissen Zeit mehr zu können oder ein positiveres Verhalten zu erreichen. Lob scheint da immer noch das adäquatere, erfolgreichere Erziehungsmittel zu sein. Beim Zappelphilipp dagegen wird das Problem mit der Rute, und das nur an der Oberfläche, für einen Augenblick, also nur scheinbar gelöst.

Sicher, auch Eltern haben Bedürfnisse, die berücksichtigt werden wollen. Ob sie ihre persönlichen Probleme und ihre Ansichten über Erziehung jedoch nicht besser woanders als in der Gegenwart des Kindes bei Tisch diskutieren? Sollte man nicht überhaupt mehr an die Einsicht, den Verstand und den guten Willen appellieren, als Vorhaltungen zu machen, zu schimpfen und schließlich zu schlagen? Da sind bessere Psychologen die schon erwähnten Miris und Oberländer. Sie haben das Problem der kippelnden und wippenden Kinder auf andere Weise gelöst und lassen den *klugen* Philipp überlegen:

„Soll ich etwa sinnlos gaukeln
oder mit dem Stuhle schaukeln,
daß ihr könnt mir unterdessen
weg die besten Bröcklein essen?!
Gibt es doch mein Leibgericht!"

Doch jemand, dem man solche Erfahrungen wie ein „Leibgericht" und die entsprechende soziale Atmosphäre nicht vermittelt, der wird eine Familie immer wieder durcheinander bringen, weil weder er noch seine Eltern imstande sind, produktive und positive Lernvorgänge und Veränderungen zu vollziehen.

Kapitel IX

Die Geschichte vom Hanns Guck-in-die-Luft

Blick auf zu den Sternen,
gib acht auf die Gassen

oder

Von Aussteigern, Träumen und anderen Sonderlingen,
und ob für sie noch Platz ist in unserer Welt

Angst vor Arbeiten

Ich träume oft, daß ich bei Prüfungen versage. Auch erscheinen im Traum oft meine alten Klassenräume, ich sehe die Gesichter von all den früheren Mitschülern. Die Angst in mir kann ich im Traum nur bekämpfen, indem ich mir immer wieder sage: Aber du hast das Abitur doch schon längst! Aber ich muß diese Arbeiten immer wieder schreiben, schreiben!
Die Schule ist für mich etwas, das ich selbst noch nicht so ganz bewältigt habe. So erkläre ich auch meine enorme Großzügigkeit Schülern gegenüber, die irgendwo schwach stehen.

Ein Studienrat für Mathematik und Physik

(„Treff-Schüler-Magazin", November 1985)

Die Geschichte vom Hanns Guck-in-die-Luft.

Wenn der Hanns zur Schule ging,
Stets sein Blick am Himmel hing.
Nach den Dächern, Wolken, Schwalben
Schaut er aufwärts, allenthalben:
Vor die eignen Füße dicht,
Ja, da sah der Bursche nicht,
Also daß ein jeder ruft:
„Seht den Hanns Guck-in-die-Luft!"

Kam ein Hund daher gerannt;
Hännslein blickte unverwandt
In die Luft.
Niemand ruft:
„Hanns! gib acht, der Hund ist nah!"
Was geschah?
Bauz! Perdauz! — da liegen zwei!
Hund und Hännschen nebenbei.

Einst ging er an Ufers Rand
Mit der Mappe in der Hand.
Nach dem blauen Himmel hoch
Sah er, wo die Schwalbe flog,
Also daß er kerzengrad
Immer mehr zum Flusse trat.
Und die Fischlein in der Reih'
Sind erstaunt sehr, alle drei.

Noch ein Schritt! und plumps! der Hanns
Stürzt hinab kopfüber ganz! —
Die drei Fischlein, sehr erschreckt,
Haben sich sogleich versteckt.

Doch zum Glück da kommen zwei
Männer aus der Näh' herbei,
Und die haben ihn mit Stangen
Aus dem Wasser aufgefangen.

Seht! Nun steht er triefend naß!
Ei! das ist ein schlechter Spaß!
Wasser läuft dem armen Wicht
Aus den Haaren ins Gesicht,
Aus den Kleidern, von den Armen;
Und es friert ihn zum Erbarmen.

Doch die Fischlein alle drei,
Schwimmen hurtig gleich herbei;
Strecken 's Köpflein aus der Flut,
Lachen, daß man's hören tut,
Lachen fort noch lange Zeit;
Und die Mappe schwimmt schon weit.

Gebt acht auf die Gassen!

Die Geschichte vom Hanns Guck-in-die-Luft ist wie die vom fliegenden Robert erst 1847 in der fünften Auflage des Buches hinzugekommen. Beide Episoden stehen in einem engen Zusammenhang, weil sie sich thematisch mit den Aufgaben auseinandersetzen, die sich dem Kind auf seinem Weg in die Erwachsenenrolle stellen. Der „Hanns" wird als die mildeste aller Erzählungen Hoffmanns angesehen, ist sie doch eine der wenigen, die relativ glücklich enden, auch wenn der Held zum Schluß wie ein begossener Pudel dasteht und Schadenfreude beim Betrachter hervorruft.

Hanns ist der typische Träumer, der seinen Gedanken nachhängt, seine Umwelt kaum wahrzunehmen scheint und von einem Unglück ins andere gerät. Aber sind nicht solche Verhaltensweisen typisch für Kinder? Erwachsene dagegen können sich Träumen und Dösen, das Leben in Wunschphantasien, die Flucht aus der Wirklichkeit selten leisten. Sie müssen mit dem Ernst des Lebens auf irgendeine Weise fertig werden. Kinder erlauben sich noch, Phantasien zu entwickeln, die Ältere längst aufgegeben haben, weil sie die entweder realisierten oder wegen ihrer Unerreichbarkeit resignierten.

Natürlich ist auch dies eine Geschichte, die Kinder anhand der „bildlich" und „sprichwörtlich" wahrzunehmenden Folgen unerwünschten Verhaltens – „Noch ein Schritt! und plumps! der Hanns stürzt hinab kopfüber ganz!" – im Sinne traditioneller Erziehungsvorstellungen ermahnen soll, doch endlich die Gedanken zusammenzunehmen und aufzupassen. Man muß darauf achten, wohin man geht und tritt, damit kein „Fehltritt", kein Unglück geschieht. Diese Mahnung ist auch heute so wichtig wie zu Hoffmanns Zeiten. In manchen Bereichen erscheint sie sogar noch aktueller. Denken wir bespielsweise an die Gefahren des Straßenverkehrs, dem viele Kinder durch Konzentrationsmängel, Unachtsamkeit oder unbedachte Hast zum Opfer fallen. Die Statistik von 1985 zählte 43 606 Verkehrsunfälle mit Kindern bis vierzehn Jahre, von denen insgesamt 458 getötet und 12 878 schwer verletzt wurden. Dabei ist die Gefahr, im Straßenverkehr zu verunglücken, nicht etwa in den Ballungsgebieten, sondern in mittleren Städten am größten. Es zeigt sich ein deutliches Nord-Süd-Gefälle. Während die Kinder in Baden-Württemberg verhältnismäßig sicher leben und Niedersachsen in der Statistik einen Mittelplatz hält, hat Schleswig-Holstein die höchsten Unfallzahlen. Besonders gefährlich leben Mädchen und Jungen in Neumünster und Lübeck, aber auch in Osnabrück und Bamberg. An der Spitze der Städte, in denen Kinder bis fünf Jahre verunglückten, standen Bremerhaven und Koblenz. Aus welchen Gründen die Unfallzahlen so unterschiedlich sind, ist nicht auszumachen. Man kann mit dem Hanns Guck-in-die-Luft daher Kinder auch heute noch auf das hinweisen, was gleichsam als Überlebenstraining für sie wichtig ist: „Gebt acht auf die Straßen!“

Entwicklungsphasen, Charaktertypen und Aufmerksamkeit

Erinnern Eltern sich ihrer Kindheit, werden sie von ähnlichen Verhaltensweisen berichten. Es ist geradezu (phasen-)typisch, daß es Zeiten gibt, in denen man unkonzentriert, ablenkbar und weniger aufmerksam ist. Das gilt für Kinder *und* für Erwachsene. Wie man in der Psychologie einen bestimmten Altersabschnitt, nämlich um das dritte Lebensjahr herum, das „Struwwelpeteralter“ (Charlotte Bühler) genannt hat, gibt es auch Entwicklungsphasen, in denen das Kind über mehr oder weniger Aufmerksamkeit verfügt oder sich besser konzentrieren kann. Mit dem Alter nehmen diese Fähigkeiten zu, weshalb sie zum Gradmesser dafür werden, ob Kinder beispielsweise schulfähig oder in ihrer Reife noch etwas zurück sind.

In der Persönlichkeitspsychologie hat man Charaktertypen aufgestellt: Da gibt es den „extravertierten" und den „introvertierten" Typ. Extravertierte Menschen sind nach außen gerichtet und leben mit ihrer Umwelt weitgehend in Übereinstimmung; Kontaktoffenheit und Partnerbeziehungen bereiten ihnen weniger Schwierigkeiten. Hellwach verfolgen sie, was um sie herum geschieht. Oft stehen sie im Mittelpunkt einer Gesellschaft, also „mitten im Leben". Sie sind ein „Hans Dampf-in-allen-Gassen", keinesfalls ein Hanns Guck-in-die-Luft. Wahrnehmungspsychologen wollen bei ihnen die Tendenz zu einer mehr fluktuierenden Aufmerksamkeitshaltung festgestellt haben. Ihr Wahrnehmungsfeld ist breit, und noch dessen Ränder werden im Auge behalten. Oft zeigt sich bei diesem Typ eine gewisse körperliche Fülle, weshalb auch Shakespeare seinen Cäsar sagen läßt: „Laßt wohlbeleibte Männer um mich sein", denn die sind eben gemütlicher und angenehmer.

Der introvertierte Typ ist das Gegenteil von all dem. Er hat gewisse Schwierigkeiten mit seiner Umwelt, hängt seinen Fantasien und Träumen nach, orientiert sich mehr nach innen als nach außen. Seine Aufmerksamkeitshaltung ist eingeschränkt, richtet sich auf den Punkt, aber läßt das breite Spektrum möglicher Gefahren außer Acht. Sein Körperbau ist nicht breit und füllig, wie der Konstitutionspsychologe Ernst Kretschmer das beim extravertierten Typ, dem Pyniker, festzustellen glaubte, sondern schlankwüchsig-schmal-leptosom. Mag sein, daß er dem Hanns Guck-in-die-Luft ähnelt, doch sind solche Typologien, die sich auf angeborene Eigenschaften berufen, recht fragwürdig. Vielleicht treffen sie für wenige Erwachsene in Extremfällen zu und lassen erste, vorläufige Rückschlüsse auf ihre Persönlichkeit zu. Für Kinder gelten solche typologischen Aussagen keinesfalls. Bei ihnen ist alles im Fluß, ihre Persönlichkeit entwikkelt sich noch. Ob sie überwiegend so oder so reagieren, steht dahin, weshalb sie für jede Überraschung gut sind!

Man muß, um einen besseren Zugang zu dieser Geschichte zu gewinnen, sich den Hanns Guck-in-die-Luft schon genauer ansehen. Da fällt einem auf, daß er eigentlich das Gegenteil vom Struwwelpeter ist. Seine Haare sind gestutzt, sein Anzug ist korrekt – ordentlich. Überhaupt macht der Junge einen eckigen, gehemmten, eben „getrimmten" Eindruck. Das gilt auch für seine Hände, an denen die Nägel geschnitten und die Finger wie verkürzt-stumpf wirken. Mit ihnen hält er krampfhaft seine Schulmappe fest. Er wirkt auf den Betrachter wie der arme, unglückliche Konrad. In seinem Bewegungsablauf gleicht er eher einem gedrillten, im Paradeschritt marschierenden Soldaten als einem munter dahineilenden Kind. Das Träumen, sein sehnsuchtsvoller Blick in den Himmel dürften wohl eine Flucht aus der rauhen Wirklichkeit sein; ein Ausweichverhalten, weil er mit der Realität nicht zurechtkommt. Anscheinend zwingt ihn jemand zu etwas, das nicht mit der eigenen Motivation, mit seinen Bedürfnissen und Wünschen in Übereinstimmung zu bringen ist. Hanns hängt lieber seinen Träumen und blickt den Schwalben nach. Wie die drei Vögel am Himmel möchte er wegfliegen und damit einer unangenehmen Situation entgehen.

Wahrscheinlich wäre bei scheinbar unüberwindbaren Mißlichkeiten auch ein anderes Verhalten für Hanns denkbar, Petrina Stein meint dazu in ihrer Geschichte „Hans, der Spinner": „Statt aber lauthals zu protestieren, das Rathaus zu stürmen, den Stadtrat zu hetzen, zieht Hans es vor zu phantasieren, in rosa Wölkchen sich zu versetzen." Aber so, wie der Junge gedrückt, gedemütigt, seiner Persönlichkeit und seiner Fähigkeit zum Widerstand beraubt worden ist, kann er weder etwas stürmen, noch jemanden hetzen. Er entzieht sich daher lieber dem Grau des Alltags. Da ist es kein Wunder, wenn er mit dem ersten, der ihm begegnet, einem Hund, zusammenprallt.

Aus der Geschichte vom bitterbösen Friederich erinnert man sich dazu der dortigen Interpretationsangebote. Es dürfte kein Zufall sein, daß hier als „Stein des Anstoßes" ein Hund gewählt wird. Über *den* stolpert der Hanns, mit dem gerät er in Kollision! Was liegt näher als wieder an den Konflikt zu denken, den Hoffmann mit seinem Vater hatte. Die Schultasche verstärkt diesen Verdacht. Wie wir ausführten, war es die Schule, die beiden „*Kopf*schmerzen" bereitete: dem Vater, weil sein Sohn nicht so vorankam, wie er es wünschte, und dem Heinrich, weil er sie als Zwang empfand, dort keine Erfolge hatte, in der Tertia sogar mehrfach sitzenblieb. Der Hanns ist der kleine Heinrich; mit ihm identifiziert sich Hoffmann, durch ihn will er mitteilen, wie er sich als Kind fühlte, welche Probleme ihn bewegten und wie es ihm damals erging!

Die Geschichte vom „Hanns Guck-in-die-Luft" besteht aus zwei Abschnitten, wobei jeweils eine Steigerung des Malheurs stattfindet. Die erste ist die Begegnung mit dem Hund, also die Auseinandersetzung mit dem Vater. Der versucht durch sein plötzliches Erscheinen zu warnen, den Hanns aus seinen Träumen zu reißen. Aber seine Warnung bleibt vom Kind unbeachtet. Das hängt seinen Gedanken weiter nach, so daß „Bauz, pardauz! — da liegen zwei, Hund und Hänschen nebenbei." Das Unglück ist damit perfekt. Der Junge scheint trotz dieser Mahnung immer noch nicht zur Schule gehen zu wollen. Er ist das, was man früher einen Schulschwänzer, heute im progressiven Sinne einen Schulverweigerer oder Aussteiger nennt. Statt sich zu sputen, verläßt Hanns die Gassen der Stadt, die ihm den richtigen Weg gewiesen hätten. Er ist im wahrsten Sinne des Wortes draußen, vor der Stadt (-Schule), befindet sich nun am Fluß. Wieder schaut er den Schwalben, hängt seinen Gedanken und Träumen nach. Aber das Unglück schreitet schnell. Er „stürzt hinab *kopfüber ganz*" — man beachte diese, eine von so vielen außergewöhnlichen Wortschöpfungen Hoffmanns, die in solcher Weise später nur bei Wilhelm Busch, heutzutage auch bei Peter Rühmkorf zu finden sind – und Hanns verschwindet im Wasser. Kein Mensch ist da, der ihn rettet. Hanns scheint endgültig verloren zu sein. „Doch zum Glück da kommen zwei Männer aus der Näh herbei", die ihn mit langen Stangen aus dem Wasser fischen.

In dieser zweiten Szene gibt es eine Reihe interessanter Details, die möglicherweise Interpretationen zulassen, die unsere Vermutungen bestätigen. Wohl nicht zufällig fällt Hanns ins Nasse. Wasser symbolisiert die Welt des Gefühls, gilt als mütterliches Element, repräsentiert Geborgenheit. Der Junge möchte sich noch nicht mit den ernsten Aufgaben des Lebens auseinandersetzen. Er sucht die Atmosphäre seiner frühen Kindheit, will, von der Mutter umsorgt, nicht in die Schule gehen. Die drei Vögel am Himmel sind für ihn das Zeichen von Ungebundenheit. Frei wie der Vogel möchte er sich über die unangenehme Wirklichkeit erheben, davonfliegen und damit allen Schwierigkeiten entgehen. Die drei Fische im Wasser, die „lachen, daß man's hören tut", könnten ein Hinweis auf Mitschüler sein. Zunächst sind sie erschrocken und verstecken sich, weil Hanns sich nicht so verhält, wie man das erwartet. Dann aber brechen sie in hämisches Lachen aus. Sie freuen sich, daß er die Strafe für sein Fehlverhalten erhalten hat. Recht geschieht ihm, dem Hanns!

Obwohl er zurechtgestutzt und getrimmt ist, findet er dennoch einen Weg, aus seiner Ohnmacht etwas zu machen. Er geht, wie es der Psychologe Kurt Lewin einmal genannt hat, „aus dem Feld"; er weicht in eine passive Aggressivität aus und entkommt durch seine Tagträume und Phantasien – wer weiß, was sich da alles abspielt? – den ihm auferlegten Zwängen.

Die beiden Männer, die ihn dann retten, symbolisieren die Vaterfigur. Eigentlich hätte *ein* Mann, und dann noch mit einer so langen Stange (!), genügt – Freud würde hier wieder ein

Phallussymbol vermuten – um den Jungen aus dem Wasser zu ziehen. Die Verdoppelung dagegen unterstreicht die väterliche Autorität, verstärkt sozusagen die Macht des Vaters. Der packt im Gegensatz zum Jungen an, greift zu, ist aktiv. Er weiß, wo es langgeht, beherrscht die Situation. Zugleich versucht er durch sein beherztes Eingreifen, ihm ein Vorbild für späteres, richtiges Verhalten zu sein, dem Kind ein „Lernen am Modell" zu ermöglichen; schon häufiger haben wir auf diese Aufgabe des Erwachsenen hingewiesen.

Von der Heimkehr des verlorenen Sohnes

Wie rettend und versöhnlich in dieser Geschichte die Vaterfigur dargestellt wird! Sie straft nicht, sie belehrt durch handelndes Vorbild, sie gibt Hilfen. Die Stangen werden gleichsam zu Krücken, die dem Hanns wortwörtlich aus seinem Dilemma heraushelfen sollen. Erinnern wir uns des Pensums, das der Architekt Hoffmann seinem Sohn auferlegte, als der die Mathematik immer noch nicht begriff, und an den strengen Stundenplan, als er in der Tertia das drittemal sitzenzubleiben drohte, dann werden auch in dieser Geschichte die autobiographischen Züge deutlich. Auf schöne Weise zeigt sich, wie die als traumatisch erlebten Momente der Auseinandersetzung mit dem Vater später von Hoffmann auf eine Weise aufbereitet worden sind, die ihn befähigten, Schöpfer eines Bestsellers zu werden.

Das, was Hanns sich hier gerade noch als Phantasie gestattet: Er läßt die Schultasche davonschwimmen! Einerseits ist es die Wunschvorstellung, doch befreit zu bleiben von der ihn überfordernden Schule. Andererseits ließe sich das auch so deuten, daß für den (geretteten!) Hanns die Schulproblematik damit verschwindet, weil sie nach dieser Erfahrung auf sachgerechte Weise nun bewältigt werden kann und damit für ihn erledigt sein dürfte. Dafür spricht die Tatsache, daß Hoffmann in seinen Lebenserinnerungen berichtet, wie er nach der väterlichen Lektion dachte:

„. . . das könne doch nicht so fortgehen, ich müsse anders werden, und ich ward es, und es ging trefflich. Der gute Rödiger aber entdeckte gleich die glückliche Umkehr, nahm sich meiner besonders an, behandelte mich liebevoll und mit besonderer Beachtung, machte mich zum Klassenaufseher, und ich trug den ersten Preis (die zwei dicken Bände von Parlows griechischem Wörterbuch) schwer belastet heim und kam glücklich nach Sekunda. Von da ab war ich ein recht braver und fleißiger Schüler, und wenn ich nicht von Jugend auf ein etwas ungetreues Gedächtnis gehabt hätte, hätte ich wohl auch ein gelehrtes Haus werden können. Ich aber danke dem längst im Grabe ruhenden Mann noch heute, daß er mit richtigem Blick den Wendepunkt in meinem geistigen Wesen erkannt und mich auf den rechten Weg geleitet hat."

Nicht immer nimmt eine schwierige Kindheitsgeschichte eine glückliche Wendung. Manche haben keinen konsequenten Vater oder verständnisvollen Lehrer, der ihnen eine positive Identifikation ermöglicht. Viele leiden weiterhin an den unaufgelösten Widersprüchen ihrer Situation. Ihre Lebensumstände sind derart, daß es ihnen nur schwer gelingt, auf „die Gassen zu achten". Dafür blicken sie auf zu den Sternen und verlieren sich in Utopien. Doch „Utopien sind wie Wolken. Sie sind nicht das, was wir von der Erde aus sehen, sie lösen sich wieder auf, aber wenn sie nicht regnen, dann verdorrt das Land. Die Wirklichkeit bedarf der Utopie, um nicht zu verdorren", wie einmal Friedrich Naumann feststellte. Deshalb haben auch solche Menschen ihre Aufgaben in der Gesellschaft. Sie sollten nicht ausgegrenzt, abgestempelt, verdammt sein. Mitunter sind gerade sie „die Hefe im Teig", die durch ihre Existenz das Gewissen der anderen sensibilisieren, schärfen und damit bestimmte Veränderungen einleiten. Für Träumer und Sonderlinge, für „Hans, den Spinner" sind durchaus Nischen vorhanden, die ihnen die Möglichkeit zur weiteren Entfaltung und Reifung anbieten.

Aussteiger im Spiegel der Meinungen heutzutage

Überhaupt ist man heutzutage großzügiger geworden auch denen gegenüber, die ihren Platz in der Gesellschaft gefunden hatten, dann aber aus irgendwelchen Gründen „auszusteigen" beschließen. Daher kann die Geschichte vom Hanns, wendet man sie ins Moderne, auch als ein Plädoyer für Aussteiger und Hippies gedeutet werden. Da ist ihr Wunsch, der rauhen Wirklichkeit zu entfliehen, der nicht nur bei Kindern vorhanden ist, sondern gleichfalls bei manchem Erwachsenen besteht.

Daß dieser zum Teil toleriert wird, zeigen Untersuchungen. Wenn jemand beschließt, aus der Gesellschaft auszusteigen, um nur noch sein „eigenes Leben" zu führen, dann kann er sogar damit rechnen, daß ein Drittel der Bevölkerung hinter ihm steht. Dies jedenfalls ergaben Untersuchungen des Allensbach-Instituts, das eine repräsentative Zahl von Bundesbürgern dazu befragte. Auf die Frage, ob sie so etwas billigten, antworteten 34 % mit ja, 44 % sprachen sich dagegen aus, während sich 22 % unsicher fühlten und der Stimme enthielten. Es sind überwiegend die Jüngeren unter den Befragten, die tolerant reagieren. Sie belegen auch die Handlungsweisen von Aussteigern mit mit Eigenschaften wie freiheitsliebend, abenteuerlustig, idealistisch, aufrichtig, sogar mutig, also mit einem Verhalten, das nicht negativ gedeutet wird. Je älter die Menschen werden, um so weniger scheinen ihnen die Alltagsprobleme durch Flucht vor der Wirklichkeit zu bewältigen sein. Bei den 45–60jährigen gibt es immerhin noch 30 %, die für die Aussteigerentschluß Verständnis aufbringen. Ältere nennen solche Aussteiger allerdings Träumer, wirklichkeitsfremd, verantwortungslos und unsozial, Kennzeichnungen, denen ein gewisser Diskriminierungscharakter nicht abzusprechen ist.

Wie immer man den Wunsch von Kindern und Erwachsenen, sich einer als bedrohlich erlebten Realität zu entziehen, bewerten mag, sicher ist, daß dies Verhaltensweisen sind, die man *auch* besitzen muß, um sich gelegentlich zu entspannen und Streß auszugleichen. In einer Gesellschaft, in der Arbeitszeit sinkt und Freizeit permanent zunimmt, Kindern und Heranwachsenden neben der Bereitschaft, die Pflichten des Alltags zu erfüllen, Muße und Freizeitverhalten zu lehren, ist eine Aufgabe für Eltern und Erzieher, die bisher zu wenig beachtet wird.

Kapitel X

Die Geschichte vom fliegenden Robert

Robert aber dachte: Nein, das muß draußen herrlich sein

oder

Der Mensch muß hinaus ins feindliche Leben

Mit dem Regenschirm geflogen

Ein gewaltiger Wirbelsturm, der Bäume entwurzelte und Häuser beschädigte, hat einer chinesischen Bäuerin zu einer unerwarteten Luftreise verholfen. Die 40jährige Yang Youxiang war am 3. Mai in der Gemeinde Liaoqiao (Provinz Hubei) mit aufgespanntem Regenschirm auf dem Heimweg von der Feldarbeit, als sie von dem Sturm mehrere hundert Meter hoch in die Luft gehoben und etwa 500 Meter weit über den Fluß Jiuda getragen wurde, bevor sie in einen langsamen Landeanflug überging und sanft auf dem Boden aufsetzte. Wie der offizielle Informationsdienst Zhongguo Xinhen She berichtete, erlitt die Frau lediglich Verletzungen durch Hagelkörner. Nach ärztlicher Behandlung konnte sie an die Arbeit zurückkehren.

Kinder fortgeweht

In der Oase Hami im Westen Chinas hat eine Orkanböe 13 Schulkinder bis zu 20 Kilometer weit durch die Luft gewirbelt und sie dann unversehrt auf Sanddünen zurückgelassen. Die Abendzeitung „Tianjin" berichtete, die Kinder seien nach zweitägiger Suche gefunden worden. Außer ein paar Kratzern habe ihnen nichts gefehlt.

(Presse-Meldungen, 1985)

Die Geschichte vom fliegenden Robert.

Wenn der Regen niederbraust,
Wenn der Sturm das Feld durchsaust,
Bleiben Mädchen oder Buben
Hübsch daheim in ihren Stuben. —
Robert aber dachte: Nein!
Das muß draußen herrlich sein! —
Und im Felde patschet er
Mit dem Regenschirm umher.

Hui, wie pfeift der Sturm und keucht,
Daß der Baum sich niederbeugt!
Seht! den Schirm erfaßt der Wind,
Und der Robert fliegt geschwind
Durch die Luft so hoch, so weit;
Niemand hört ihn, wenn er schreit.
An die Wolken stößt er schon,
Und der Hut fliegt auch davon.

Schirm und Robert fliegen dort
Durch die Wolken immerfort.
Und der Hut fliegt weit voran,
Stößt zuletzt am Himmel an.
Wo der Wind sie hingetragen,
Ja! das weiß kein Mensch zu sagen.

Robert als der typische Neinsager

Bei der Geschichte vom Robert, die lediglich aus drei Bildern besteht, könnte man auf den ersten Blick fast annehmen, dem Autor sei wesentlich Neues und Originelles nicht mehr eingefallen. Dieser Schein aber trügt, wie man bei weiterem Überlegen feststellen kann. Was ihre grafische Gestaltung anbelangt, so verwendet Hoffmann die schon beim Suppenkaspar erwähnte Technik der Null-Figur. Der zunächst groß ins Bild gesetzte Robert wird immer kleiner, bis er schließlich ganz verschwindet, sich gleichsam in Luft auflöst.

„Robert aber dachte: ‚Nein! das muß draußen herrlich sein!" Damit beginnt die Handlung. Ein Junge, der auf die Ermahnungen der Erwachsenen nichts gibt, trotz des Unwetters ins „Freie" (!) geht, vom Wind erfaßt und irgendwo hingetrieben wird. Damit zeigen sich auch hier wieder Eigenschaften des Struwwelpeter. Robert hört nicht auf das, was ihm gesagt wird, er gehorcht nicht, bleibt nicht wie die anderen zu Hause. Er geht in Opposition, er will es wissen, was passiert wenn . . . Jemand hat einmal behauptet, daß der schöpferische Mensch ein „Nein-Sager" sei. Er findet sich nicht mit dem ab, was und wie es ist, sondern denkt nach, will einen eigenen Überblick gewinnen. Er ist kreativ und versucht, die Wirklichkeit nach seinen Vorstellungen zu verändern. So auch Robert: Er will nun wissen, „was Sache ist". Damit wird für ihn das Leben zum Abenteuer, zu einer Reise in unbekannte Fernen, in denen manches ganz anders gestaltet werden kann, als es die vorhandene Wirklichkeit im Hier und Jetzt anbietet. Unwillkürlich wird man an die Entdecker fremder Erdteile erinnert, an Männer wie Columbus und Magellan, die in ihren kleinen Karavellen über große Meere fuhren, ohne zu ahnen, „wo der Wind sie hingetragen".

Auch diese Geschichte läßt sich auf vielerlei Ebenen interpretieren, zumal sie nicht ohne Dramatik ist. Wie im Hanns Guck-in-die-Luft ist ihr Inhalt heute noch gültig. Die Warnung, bei Sturm das Haus nicht zu verlassen, ist aktuell wie eh und je. Es geschehen da noch oder immer wieder Unglücke, nicht nur beim Hurrican im fernen Amerika, sondern auch hierzulande, wo mancher Unvorsichtige von stürzenden Bäumen oder herabfallenden Ziegeln getötet wird. Ein Blick in die Tagesschau des Fernsehens beweist dies häufig genug. Das alles regt die Phantasie der Kinder ungemein an. Man erlebt förmlich hautnah mit, wie der Robert sich ins Nichts auflöst. „Wo der Wind ihn hingetragen, ja, das weiß kein Mensch zu sagen." Beim Suppenkaspar dagegen ist die Strafe für den Ungehorsam klar, der stirbt. Roberts Schicksal jedoch, und das läßt uns diese Geschichte positiv bewerten, bleibt offen. Man kann hoffen, daß der Junge irgendwo landet und man ihn noch retten wird. Andererseits ist natürlich für ängstliche Kinder die Vorstellung, als Strafe für die Übertretung eines Verbots auf Nimmerwiedersehen zu verschwinden, schlimm genug. Das entspricht, um es noch einmal zu betonen, der typisch repressiven pädagogischen Haltung des vorigen Jahrhunderts. Durch Angst Kinder zum Gehorsam zu zwingen, den „Struwwelpeter" indirekt als Druckmittel zu benutzen, um Wohlverhalten zu erzielen, ist eine böse Angelegenheit. Dem ungehorsamen Robert kann eben nicht mehr geholfen werden, denn „niemand hört ihn, wie er schreit". Selbst Vater und Mutter, die zunächst auf diesen Bildern offensichtlich nicht wahrzunehmen sind, können nicht mehr zu Hilfe eilen. Wer sich in Gefahr begibt, kommt darin um; wer sich außerhalb einer Ordnung begibt, wer erwartetes Verhalten negiert, wird bestraft, und das gehörig. So etwas erinnert an die Warnung, daß der Schwarze Mann unartige Kinder holen wird, oder daß Zigeuner sie mitnehmen könnten, und was sonst noch hilflose Eltern außer dem Weihnachtsmann anführen, wenn sie merken, daß ihre Autorität schwindet.

Die Robert-Geschichte als Psychotest

Es wurde bereits darauf hingewiesen, daß das Ende der Geschichte offenbleibt: Kommt Robert wirklich um; wohin hat ihn der Wind getragen? Insofern ist sie wie ein Psycho-Test. Man kann Kinder fragen, was ihnen dazu einfällt, was sie zum weiteren Schicksal Roberts meinen. Die einen werden ihn in der Fremde wohlbehalten landen lassen, damit er dort weiterlebt, frei von Zwängen und Gefahr. Die anderen werden ihn bestrafen, indem sie ihn den grimmigsten Torturen aussetzen oder sogar sterben lassen. Zwischen diesen beiden extremen Phantasien gibt es eine Anzahl weiterer Lösungen, die Eltern ebenfalls einen Zugang zu den Ängsten, Hoffnungen und Wünschen ihrer Kinder vermitteln können. Eventuell läßt sich daraus entnehmen, was man in der Erziehung falsch oder richtig gemacht hat. Gegebenenfalls kann man sich noch korrigieren! In der Psychodiagnostik wendet man ähnliche Verfahren an. Da gibt es Satzanfänge oder offene Geschichten, die der Psychologe dem Kind mit der Aufforderung anbietet, sie weiterzuspinnen. Aus dem, was dann zu lesen ist, macht er sich sein Bild. Das natürlich nicht, ohne seine Probanden zu ihren Produktionen zu befragen. Er weiß dann, wessen „Geistes Kind" sein kleiner Patient ist und vermag ihm hoffentlich zu helfen.

Goldene Rahmen haben etwas zu bedeuten

Wichtiger als diese praktische Verwendbarkeit der Robert-Geschichte ist für uns eine Reihe von Hinweisen besonderer Art. Es ist die Ambivalenz, die in dem Geschehen steckt, es sind die Gegensätze, die auffallen. Um nur einige zu nennen: Da ist einerseits der gefährliche Sturm, der übers Feld braust, andererseits der unbekümmerte Robert, der trotzdem mit seinem Schirm spazieren geht; es gibt den begrenzten, geschützten Ort, wie er sich in der Kirche darstellt, und das offene, freie, weite Gelände; es sind Schirm und Hut, die einerseits schützen, wärmen, Geborgenheit vermitteln, und andererseits kann dieser Schirm als Flug- und Fluchtmittel benutzt werden, um aus einer Situation in eine andere zu gelangen. Solch eine Dynamik macht Angst, fällt aus dem Rahmen. Dies mag der Grund sein, weshalb die Bilder des fliegenden Robert erst zehn Jahre nach ihrer ersten Veröffentlichung, und zwar 1858, dann diese auffälligen, protzigen, massiven, vergoldeten Rahmen erhalten haben. Sie sind gleichsam das stabilisierende Element, das diese Dynamik binden und die vorhandene Ambivalenz aufheben kann. Bei aller Angst und Spannung soll auf diese Weise die Welt in „Ordnung", „im Lot" bleiben, was noch dazu durch die nicht zu übersehenden Nägel, an denen die drei Bilder aufgehängt werden, vom Grafiker unterstrichen wird. Mag auch der Robert fliegen, wohin er will, die Bilder selbst, das ganze Geschehen bekommen einen festen Halt, „unverrückbar wie die Sterne selbst."

Vom Traum der Menschen, fliegen zu können

Hinzukommt, daß Hoffmann zu dieser Geschichte mit durch die technischen Entwicklungen des vorigen Jahrhunderts angeregt wurde. Fliegen, der alte Traum der Menschheit, konnte endlich realisiert werden. Montgolfier hatte 1783 den Heißluftballon entwickelt. Später begann Lilienthal sich in dem vorpommerschen Ort Anklam Gedanken zu machen, wie man sich durch eigene Kraft in die Luft erheben könne. Er durchstreifte die Wiesen der Peene, beobachtete die Störche bei ihren Flügen und begann die Gesetze der Aerodynamik zu erforschen. Auf dem Boden des elterlichen Hauses in der Peenestraße baute er einen Gleiter, mit dem er später in Berlin seine ersten, sensationellen Flugerfolge erzielte. Aber auch hier lagen lustvolles Erlebnis und grausames Geschick dicht beeinander. So wie Ikarus mit seinen wächsernen Schwingen der Sonne zu nahe kam und deshalb in die Tiefe stürzte, ging es Lilienthal. Bei einem Flugversuch verunglückte er tödlich.

Man erzählt sich in dem Zusammenhang auch, daß Ballonfahrer, die auf freiem Feld landeten, häufig von Bauern mit Mistgabeln und Sensen attackiert und verletzt wurden. Sie hatten gewagt, was von der Landbevölkerung noch als Versuchung des Schicksals angesehen wurde und entsprechend bestraft werden mußte. Solche Flieger begaben sich aus der bisher akzeptierten Ordnung, schufen Unordnung, machten den Zuschauern Angst. Andererseits jubelte man ihnen zu, öffneten sie doch das Tor zu einer neuen Epoche in der Geschichte der Menschheit.

Dies und manches andere mag Hoffmann bei der Gestaltung seines Robert durch den Kopf gegangen sein. Aber er blieb dabei zwiespältig: Zwar kann der Junge mit Hilfe des Sturms und des Schirms sich in die Lüfte erheben, aber wohin und wie das ausgeht, wagt er nicht zu entscheiden und überläßt es der Phantasie des Betrachters.

Der Abschluß einer Entwicklung, die man Kindheit nennt

Nun wird der Leser, beschaut er das Arrangement auf den Bildern, ein bestimmtes Ensemble erkennen: Da gibt es nicht etwa ein Dorf, wie man bei flüchtigem Hinblicken zunächst glaubt, sondern nur eine Kirche, dann den Robert mit seinem Schirm, den Baum und schließlich Wind, Wolken, Regen, den Sturm. Robert ist also nicht allein, wie es scheint, sieht man einmal von dem Schutz ab, den Hut und Schirm ihm geben. Trutzig steht die Kirche als Repräsentant von Moral und Gewissen mitten im Feld. Ihr ist nichts anzuhaben, zumal die Gefahr nicht sie betrifft, sondern als Sturmwolke sich nur über dem Robert befindet.

Hier scheint Hoffmann wie oft in seinen Geschichten die Eltern indirekt in Szene gesetzt zu haben. Wagt man eine Interpretation, könnte die Kirche die Mutter sein, aus deren Geborgenheit und Schutz sich der Junge nun zu lösen beginnt. Sturm und Baum würden die Männer repräsentieren. Der Erzieher, codiert als der Sturm, als treibende Kraft, beeinflußt und befähigt den Jungen, aus der häuslichen Geborgenheit seinen Weg in die Welt zu suchen; der Vater, auch als Baum angedeutet, bleibt wie ein Mann trotz der „Stürme des Lebens", wo er seine Wurzeln hat: auf seinem Acker, seinem Feld. Ihm kann dieses Naturereignis nichts anhaben. Er hat seinen Halt gefunden; er biegt sich zwar, aber er bricht nicht; Veränderung liegt ihm fern. Robert dagegen, sich in der Mitte von (Mutter-) Kirche und (Vater-) Baum befindend, wird durch seinen Wunsch, nicht wie die anderen Mädchen oder Buben daheim zu bleiben in den Stuben, durch seine Neu-Gier und seine Motivation, durch die Hilfe der Männer hinaus in die Welt getrieben. In dieser Art gedeutet erweist sich die Geschichte vom Robert als der Abschluß eines Entwicklungsabschnitts, den man Kindheit nennt. In verschlüsselter Form stellt Hoffmann dar, daß ein Kind, nun zum Erwachsenen gereift, Vater und Mutter verlassen *muß,* weil nur dies den Menschen selbständig werden läßt. Robert wird aus der Geborgenheit der Häuslichkeit hinausgetragen in das hier noch feindlich wirkende Leben; dorthin wo er sich bewähren kann, wo er seine eigene Familie gründet, um schließlich selber ein Vater zu werden.

In seinem Gedicht vom fliegenden Robert hat auch Hans Magnus Enzensberger diesen Aspekt des Selbständigwerdens einer Persönlichkeit, ihrer Trennung von den Eltern und des „Davonfliegens" betont, wenn er schreibt:

„Eskapismus, ruft ihr mir zu,
vorwurfsvoll.
Was denn sonst, antworte ich,
bei diesem Sauwetter! –,
spanne ich den Regenschirm auf
und erhebe mich in die Lüfte.
Von euch aus gesehen,
werde ich immer kleiner und kleiner,
bis ich *verschwunden* bin.
Ich hinterlasse nichts weiter
als eine Legende,
mit der ihr Neidhammel,
wenn es draußen stürmt,
euern Kindern in den Ohren liegt,
damit sie euch nicht davonfliegen."

Wer würde es Robert bei all den entsetzlichen Dingen, die man ihm auch in den Geschichten vorher angetan hat, übelnehmen, sich dem beengenden Zugriff der Eltern entziehen und das (die) Weite gewinnen zu wollen?

Aber auf seiner Reise durch die Luft in unbekannte Fernen bleibt Robert nicht allein! Mag ihm der Hut vom Kopf fliegen – ein Schicksal, das er mit dem (Schneider-) Vater zu teilen hat, wie alle Generationen vorher und danach –, jetzt hat er ihn nicht mehr nötig. Ihn braucht niemand mehr zu „behüten". Zwar bleiben seine Eltern zu Hause, aber dennoch nimmt er sie mit als sein Gewissen, das er von beiden übernommen hat. Vater und Mutter, die seinen Charakter und seine Moral geformt haben, sie sind bei ihm, sind in sein Wesen hineinkomponiert und gestalten so seine weitere Entwicklung mit. Oder wie es Wilhelm Busch 1875 in einem Brief an Frau Anderson ausdrückt: „Und dieser Wille, das bin ich. Ich bin mein Vater, meine Mutter, ich bin Sie und Alles. Darum giebt es Mitleid, darum giebt's Gerechtigkeit." Selbst wenn die Eltern eines Tages nicht mehr existieren sollten, in dem Gewissen des Sohnes leben beide weiter!

Wurde in den Episoden vom Paulinchen und Konrad von beiden Kindern dieses Gewissen noch nicht verinnerlicht, darf man mit der letzten Geschichte annehmen, daß Robert es trotz seiner Oppositionshaltung nun in sich trägt und mit in die Welt hinausnimmt. Wie sollte er sich ohne einen festen Willen und starken Charakter sonst behaupten und leben können? Damit schließt sich der Kreis: Am Ende des Buches, mit der letzten Geschichte zeigt Hoffmann, wie sein Struwwelpeter, in diesem Fall der Robert, die Verhaltensmuster der Erwachsenen akzeptiert und seinen Weg finden wird. Er ist zum Mann herangereift, er hat, um die Thematik eines Buches von Erica Jong aufzugreifen, *keine* „Angst vorm Fliegen". Zu Hause ist für ihn von nun ab überall, da wo er sich gerade befindet! Er will und wird die Vaterrolle übernehmen und damit die Normen seiner Gesellschaft, wenn auch in veränderter Form, an eine nächste Generation weitergeben.

Der Struwwelpeter, ein Entwicklungsroman

Lassen wir das alles noch einmal vor unseren Augen Revue passieren, dann zeigt das Struwwelpeterbuch in einem geordneten, konsequenten Ablauf die Entwicklung des kleinen Heinrich zum (Hoff-)Mann: Im bitterbösen Friederich trägt er den Konflikt mit dem Vater aus. Die Paulinchen-Geschichte schildert danach die sexuelle Entwicklung des Kindes. Im wilden Jäger erfolgt der Angriff auf die gefürchtete Autoritätsfigur; zugleich eröffnet sich ihm der Ausblick auf seine zukünftige Rolle als Vater. Doch zunächst wird er im Konrad-Drama noch das Opfer einer furchtbaren Rache- und Strafaktion. In der Episode vom Suppenkaspar muß er sich mit seiner Mutter, im Zappelphilipp mit der Familie als Sozialisationsagentur der Gesellschaft auseinandersetzen. Die Abenteuer des Hanns Guck-in-die-Luft arbeiten die Schulproblematik und damit auch die gesellschaftlichen Zwänge auf, wobei ihm der Vater durch eine positive Identifikation verhilft, Grundlagen zur Lebensbewältigung im Sozialverband zu gewinnen. Und in der letzten Geschichte erlangt er schließlich jene Autonomie, deren man bedarf, um das Leben selbstverantwortlich und schöpferisch zu gestalten.

Waren bislang Kinderbücher „alberne Bildersammlungen", „moralische Geschichten, die mit ermahnenden Vorschriften begannen und schlossen" oder in der Art und Weise des Orbis Pictus „wahre Weltrepertorien, in denen sich beispielsweise Bank, Stuhl, Topf und vieles andere, was wächst oder gemacht wird, abgezeichnet wiederfanden", beginnt mit dem Struwwelpeter-Buch 1845 ein neuer Abschnitt in der Literatur. Zum erstenmal werden Emotionen auf kindgemäße Weise thematisiert. Menschliche Leidenschaften, Vorurteile, Aggressivität, Sexualität und Lustgewinn, existentielle Bedrohungen und das breite Spektrum möglicher Antworten, das Sichbehaupten und der Prozeß der Verselbständigung, sie alle werden zu einem Panorama, welches sich jetzt dem schauenden, dem lesenden und staunenden Kinde anbietet. Von nun ab bewegt auch im Kinderbuch wie bei den Erwachsenen „Hunger und Liebe" die Welt. Ein Bestseller markiert ein für allemal, welche Bereiche des Lebens Literatur für die Heranwachsenden darzustellen hat, um Kinder wirklich anzusprechen, zu bewegen und in ihrer Persönlichkeitsentwicklung tatsächlich zu beeinflussen.

Statt eines Nachwortes

Wenn die Kinder artig sind,
bringt es ihnen Guts genug
und ein schönes Bilderbuch

oder

Zur Geschichte eines Bestsellers

Mittel zur Verhütung von Revolutionen
(Verfasser anonym)

„Man suche Bücher, welche die Begriffe der Unterthänigkeit und des absoluten Gehorsams befördern, soviel als möglich unter das Volk zu bringen. Ich verkenne die dagegen stehenden Schwierigkeiten keineswegs; das Volk schlürft lieber das revolutionäre Gift, als unsere heilsamen Präperate. Doch wird es einer klugen Administration nicht an Mitteln für diesen Zweck gebrechen.
(Aus: Satyren und Launen, Nr. 22, Berliner Handpresse)

Der Struwwelpeter

oder

lustige Geschichten

und

drollige Bilder.

Wenn die Kinder artig sind,
Kommt zu ihnen das Christkind;
Wenn sie ihre Suppe essen
Unddas Brot auchnicht vergessen,
Wenn sie, ohne Lärm zu machen,
Still sind bei den Siebensachen,
Beim Spaziergehn auf den Gassen
Von Mama sich führen lassen,
Bringt es ihnen Gut's genug
Und ein schönes Bilderbuch.

„Der Struwwelpeter" von Heinrich Hoffmann ist oft kopiert, jedoch nie erreicht worden. Es liegt inzwischen eine kaum noch zu überblickende Anzahl von Varianten und Versionen zum Thema vor. Das eigentliche Original kam 1845 heraus, wurde bis zur 5. Auflage 1847 laufend ergänzt („Paulinchen" und „Zappel-Philipp" wurden 1846, „Hanns Guck-in-die-Luft" und der „Fliegende Robert" 1847 hinzugefügt), auch weiterhin graphisch sowie textlich modifiziert, und ist mit über tausend Auflagen ein Bestseller unter den Kinderbüchern geworden. Woher Hoffmann die Bezeichnung Struwwelpeter genommen hat, bleibt offen. Als Goethe 1768 in Leipzig studierte, nannte ihn die Frau des Kupferstechers Johann Michael Stock den „Frankfurter Strubbelpeter" und veranlaßte ihn, sich das Haar auskämmen zu lassen.

Außerhalb Deutschlands (1847 in Dänemark, 1848 in England (The English Struwwelpeter), Schweden (Pelle Snusk), Finnland (Jöro Jukka), Schweiz (De Strubelpeter) und Holland (Piet de Smeerspoets) lagen bald (z.T. unrechtmäßige!) Nachdrucke des Originals vor. So war in Stockholm eine schwedische Übersetzung des Buches erschienen, wobei diese unautorisierten Exemplare eigenartigerweise in der Druckerei Scholz in Mainz hergestellt wurden. Hoffmann gewann den deshalb eingeleiteten Prozeß, und Scholz wurde zu 1000 Gulden Strafe und Vernichtung der Druckplatten verurteilt.

Norwegen (Buste Peer) folgte mit einer Ausgabe 1858, Frankreich (Pierre l'ébauriffé) 1860, Spanien (Juan el desgreñado) und Portugal (João Fielpudo) 1871 und Italien (Pierino Porcospino) 1882. Mark Twain bekam 1891 in Berlin den Struwwelpeter in die Hand, und als Weihnachtsüberraschung für seine Kinder übersetzte er ihn ins „Anglo-Amerikanische" (Slovenly Peter). In Wien adaptierte Carl Gerold 1895 den Struwwelpeter als „Ägyptischen Struwwelpeter", mehr als Travestie auf die ägyptische Mythologie gedacht, jetzt wieder als deutschen Reprint. Heute gibt es von Struwwelpeter mehr als 30 Übersetzungen in andere Sprachen, darunter so wenig verbreitete wie Rätoromanisch, Litauisch, Ungarisch, Kroatisch, Hebräisch und so exotische wie Afrikaans (Piet Baskasie) oder Esperanto (La Struvelpetro).

Die Beliebtheit des Hoffmannschen Bilderbuches regte weitere Autoren zu immer neuen Büchern im Struwwelpeterstil, sogenannten „Struwwelpetriaden", an. Eine erste war „Struwwelpeter ABC-Buch oder Zucker und Ruthe für artige und unartige Kinder". 1847 erschien dann von Theodor Hosemann „Die unartigen Kinder", später 1867 „Kinderstreiche", 1850 das in Struwwelpetermanier aufgemachte Bilderbuch „Lachende Kinder" mit den Texten von Adolf Glaßbrenner, 1851 „Struwwelpeters Reu und Bekehrung". 1854 entstand mit dem „Rutschepeter" von Carl Reinhardt eine weitere Nachahmung. Erwähnenswert in diesem Zusammenhang ist die Tatsache, daß Hoffmann, der einige seiner zeichnerischen Motive bereits anderen, vor 1845 veröffentlichten Büchern „entliehen" hatte (z.B. „Paulinchen" und „Zappel-Philipp"), aus ihm wiederum zeichnerische Details für seine weiteren Auflagen entnommen zu haben scheint.

Modell gestanden hat der Struwwelpeter sicher auch Adolf Glaßbrenners „Sprechende Thiere" (1854) und dem Kinderbuch von H.J. Horwitz „Neue Sprechende Thiere" (1858), beide illustriert von C. Reinhardt. 1864 erschien „Das Schreiliesel, eine lustige und lehrreiche Geschichte für Kinder von +–8 Jahren", von einem Dr. Ernst (wirklicher Name Jac Stern), in dieser Zeit auch „Der Struwwelpeter auf Reisen", gezeichnet von A. Kerst und mit Texten von Theodor Drobisch; 1985 als Reprint im Kinderbuchverlag der DDR. Nach anderen Angaben soll dieses Buch 1897 von dem Direktor einer Kindergärtnerinnen-Bildungsanstalt, Robert Hertwig, geschrieben worden sein, der im selben Jahr auch die „Struwwel-Suse" („In dem Buch von der Struwwel-Suse folgt stets nach dem Unrecht die Buße"), textete. Unstrittig ist, daß Theodor Drobisch 1870 die Struwwelpetriade „Der kleine Stapelmatz" veröffentlicht hat, 1867 es bereits als ein weibliches Gegenstück zum Struwwelpeter „Die Struwwelliese" gab, ein ebenfalls sehr erfolgreiches Kinderbuch, das sogar noch nach dem Zweiten Weltkrieg, wenn auch in veränderter Form – hier Bilder von Charly Greifoner, Texte von Cilly Schmidt-Teichmann, aufgelegt wurde.

1886 folgten „Die brave Bertha und die böse Lina" von Lothar Meggendorfer. Zuvor gab es 1866 von Ferdinand Töpperwein „Der Tolpatsch oder Kinder, nehmt ein Beispiel dran!". 1869 war „Der neue Struwwelpeter" von N.J. Anders (wirklicher Name: Nathan Jacob), 1877 von Anna Helm „Der Hemdenmatz" herausgekommen; 1887 erschien von Julius Lohmeier und Fedor Flinzner „Der Thier-Struwwelpeter" und von H. Mietens „Die Sammel-Suse". 1888 las man von Auguste Cornelius „Der kleine Peter und anderes", ein Jahr später von ihr den „Peter Stehauf und andere lustige Geschichten für Kinder von 3 bis 6 Jahren". 1893 brachten Fedor Flinzner und Johannes Trojan, ein erfolgreicher Kinderbuchautor, zugleich Redakteur der satirischen Zeitschrift Kladderadatsch, „Struwwelpeter, der Jüngere" heraus. Um 1900 freute man sich über das „Struwwelpeterbuch" von Schreiber.

Mit der zunehmenden Industrialisierung und der damit im Zusammenhang stehenden allmählichen Änderung pädagogischer Auffassungen von einer Erziehung durch Bestrafung zu einer Erziehung durch Einsicht, begann man nun am Konzept des Struwwelpeter zu arbeiten, ihn kritisch zu hinterfragen und neu zu überdenken, was dazu führte, daß 1880 von Miris (Pseudonym des Juristen Franz Bonn) und Adolf Oberländer ein „Pädagogisch verbesserter Struwwelpeter" herausgebracht wurde. Dieser hat auch heute noch aktuelle Texte (z.B. Hinweis auf die Unzulänglichkeit von Industrieerzeugnissen), und er war als

Beispiel gedacht, wie man durch Einsicht und Vernunft die Kinder zu besseren Menschen erziehen könne.

Auch wurden die Texte vertont. 1879 kamen die „Melodien zu Dr. Hoffmann's Struwwelpeter" von Andreas Hußla, einem kaiserlich-russischen Kapellmeister, später sogar eine „Struwwelpeteroper" und heute zum Thema viele Schallplatten und Tonbänder heraus. Der bekannte Komponist Norbert Schultze („Lilli Marleen"), vertonte 1932 den Struwwelpeter fürs Klavier und komponierte die Musik für ein Struwwelpeter-Ballett, das 1937 mit großen Erfolg in der Hamburger Staatsoper aufgeführt wurde. 1951 schrieb Kurt Hessenberg „eine Kantate nach dem Bilderbuch von Heinrich Hoffmann für ein- bis dreistimmigen Kinder- und Jugendchor, zwei Flöten, Streichorchester und Klavier" (opus 49). Siegfried Köhler, Professor für Komposition an der Hochschule für Musik in Dresden, schuf 1968 unter dem Titel „Der Struwwelpeter, heitere Geschichten zum Singen, Tanzen und Erzählen" einen Zyklus, der wenig später sowohl in einer Fassung für Kinder- bzw. Frauenchor und für ein kleines Orchester auf Schallplatte wie auch in einem illustrierten Notenband für Klavier erschien. In der Edition Peters wurde es 1979 mit dem Struwwelpeter kombiniert und ist so zu einem reizvollen und ansprechenden Kinderbuch der DDR geworden.

Die aufreizende Wirkung des Titelhelden (langhaariger Struwwelpeter mit langen Fingernägeln und wildem, selbstbewußten Aussehen), führte bereits 1848 dazu, daß Franz Dingelstedt in den „Fliegenden Blättern" sich dieser Figur annahm und dort eine Glosse mit dem Titel „Der Struwwelpeter als Radikaler. Keine Denunciation, sondern eine Warnung" zu lesen war. Dieser Einzug des Struwwelpeter in die Politik wurde durch Hoffmann insofern mit veranlaßt, als er im selben Jahr unter dem Namen Peter Struwwel, Professor und Demagog – sozusagen als der inzwischen erwachsene Struwwelpeter – in Form einer für die Erwachsenen gedachten Parodie das „Handbüchlein für

Wühler oder kurzgefaßte Anleitung in wenigen Tagen ein Volksmann zu werden" herausbrachte (Reprint 1973). 1848 (anderen Angaben zufolge 1857) erschien der Struwwelpeter in Rußland mit dem Titel „Stepka-Rastrepka", als politisch verdächtig (!) übrigens bald verboten, wobei die Eigenarten dieser Ausgabe wiederum die zweite Fassung des Struwwelpeter von Hoffmann – 28. Auflage 1859 – so beeinflußten, daß es zu wahrnehmbaren Modifikationen kam. Kein Wunder, daß ein Jahr später sowohl der Original-Struwwelpeter wie auch der eben erwähnte Artikel für Henry Ritter als Vorlage für einen „Politischen Struwwelpeter" dienten. Dieser beschäftigte sich mit der deutschen Kleinstaaterei, den damals vorhandenen politischen Strömungen und nahm die Politiker und Herrscher der Zeit kritisch-satirisch ins Visier.

1878 griff Caroline S.J. Milde, wirklicher Name Caroline Simil-de Gerhard, den „Struwwelpeter" auf und machte aus ihm den „Militär-Struwwelpeter oder lustige Geschichten und drollige Bilder von und für Militärs von 10–100 Jahren", in dem die Schwächen der Offiziere in Geschichten wie die vom „Zappel-Fähnrich", Lieutnant „Hans Guck-in-die-Luft", „Schlapphans" und „Robert der Schuldenmacher" dargestellt wurden. Dem Vorbild Henry Ritters entsprechend, entwickelten Schmidt-Cabanis den „Großen Struwwelpeter für Kinder von 17–77", der die Politiker Deutschlands karikierte. Die Engländer Harold Begbie und Francis Carruthers Gould konzipierten 1899 in London einen „Politischen Struwwelpeter", der sich mit den Unzulänglichkeiten englischer Politiker beschäftigte.

Der Absicht, durch das Medium Bilderbuch Politik zu betreiben, sollte noch eine Reihe ähnlicher Bücher folgen. 1900 schrieben die beiden Engländer das „Struwwelpeter-Alphabet". Hier wurde gegen die deutsche Großmachtpolitik, speziell gegen Wilhelm II. als dessen typischer Vertreter, zu Felde gezogen – wahrscheinlich als psychologische Vorbereitung des englischen

Volkes auf die mit den Deutschen zu erwartenden kriegerischen Auseinandersetzungen einzustufen. Als weitere sogenannte Struwwelpetertravestie liest man am Anfang des Krieges 1914 von Morrow und Lucas den „Schwellkopf Wilhelm", dessen Hände mit Blut verschmiert sind. Sein Kopf ist zu einem birnenförmigen Ballon aufgedunsen, darauf befindet sich der Adlerhelm. Statt von Kamm und Schere wird der Sockel mit Schlachtschiff und Kanone geschmückt. Er setzt sich beim unvorsichtigen Spiel mit Streichhölzern selbst in Brand und wird vom großen Nikolas ins Tintenfaß gesteckt. Als Hanns Guck-in-die-Luft stolpert Wilhelm II. über die englische Dogge und landet schließlich im Wasser. Die Antwort von deutscher Seite läßt nicht lange auf sich warten, 1915 bringt Karl Ewald Olszewski den „Kriegs-Struwwelpeter" heraus. Er beschäftigt sich mit den Schwächen der Kriegsgegner Deutschlands und stellt die Stärken der Deutschen heraus. Der Struwwelpeter wird in diesem Buch zum Bombenpeter, das Paulinchen zum Mariannchen, welches eine blau-weiß-rote Schärpe trägt. Nun taucht der deutsche Kaiser seine Kriegsfeinde ins Tintenfaß, während der italienische König als Zappel-Beppo die Rolle des Zappel-Philipp übernehmen muß.

Mit Beginn des Zweiten Weltkrieges und seinen politisch-militärischen Auseinandersetzungen wurde der Struwwelpeter wiederum zur Bloßstellung und zur Diffamierung des Kriegsgegners aktualisiert. So brachte 1940 in England Oistros den „Trüffelesser – hübsche Geschichten und komische Bilder" heraus, der den Briten einen kriegführenden und alles verschlingenden, in Struwwelpetermanier dargestellten Hitler zeigte und ihnen die Augen über die Grausamkeiten der „Hunnen" öffnen sollte. Hitler, dessen ausgewachsene Fingernägel mit kleinen Hakenkreuzen versehen sind, wird zum Adolf Guck-in-die-Luft, Göring verfolgt die Juden und seine Parteigenossen sind mit dem Verbrennen mißliebiger Bücher beschäftigt. Zum Schutzpatron des Ganzen wird dann „Onkel Lenin" deklariert! Diese Darstellung muß natürlich auf dem Hintergrund des Hitler-Stalin-Abkommen gesehen werden, durch das sich England von seinem früheren Weltkrieg I-Alliierten Rußland im Stich gelassen fühlte.

Dieser „Trüffelesser" diente dann 1941 Robert und Philipp Spence als Anregung und Vorbild für einen „Struwwel-Hitler". In dieser Parodie wurde mit noch schärferen Karikaturen und Texten propagandistisch gegen die Nazis zu Felde gezogen. Beispielsweise bekommt der „grausame Hitler" von Dr. Sam aus aus den USA bittere Medizin; das mit Hakenkreuzen verzierte Gretchen greift leichtsinnigerweise zum (Kanonen-)Feuerzeug und setzt sich selbst in Brand; dem „Tinten-Goebbler" werden die Daumen abgeschnitten, damit er die Gewalt über seinen „lügnerischen Federhalter" verliert; Göring verhungert, da er statt der Butter Kanonen bevorzugt und Rudolf Hess „he flies to the skies" als Robert nach England

Auch im Dritten Reich gab es einen Struwwelpeter. Dies war sein kleiner Bruder „Der Kleckerklaus", der sich jedoch mit dem Struwwelpeter zu sauberem Aussehen und ordentlichem, „deutschen" Verhalten schnell bekehren ließ. 1936 erschien in Tokio eine japanische Ausgabe mit dem Titel „Bōbō Atama", die 1980 eine zweite Auflage erlebte.

Für den Schulgebrauch adaptierte man den Struwwelpeter ebenfalls: 1949 im Federmann-Verlag, München, als „Leselernfibel" nach ganzheitlichem Verfahren. Zuvor war die bereits 1895 in England verlegte „Penny-Ausgabe" – Titel: „Struwwelpeter or Shockhead Peter" – mit Erfolg im Englischunterricht deutscher Oberschulen verwendet worden. Eduard Bornemann übersetzte ihn zum selben Zweck 1956 als „Petrulus Hirrutus" ins Lateinisch, nachdem bereits 1938 eine lateinische Übersetzung (Petrus Hirsutus) von H.J. Schmidt in Potsdam und 1953 von Peter Wiesmann in Chur erschienen war. Angekündigt wird von einem Berliner Verlag auch eine Ausgabe in türkischer Sprache – Savruk Peter –, hauptsächlich zur Verwendung an den Schulen gedacht. (Bei einem Übersetzungswettbewerb, den das Frankfurter Heinrich-Hoffmann-Museum 1984 ausgeschrieben hat, beteiligten sich 32 (!) Bewerber, wobei der 1. Preis dem türkischen Dolmetscher Mehmet Ertürk aus Ankara zuerkannt wurde).

Sogar Struwwelpeter-Dialektversionen liegen vor, z.B. von Heinz Heger „Der Kölsche Struwwelpitter", von Walter Sauer „De Pälzer Schdruwwelpeder", „De Struwwelpeter op Platt" von Arnim Mandel und der „Hessische Struwwelpeter" von Müller. An eine Übertragung in den Berliner Dialekt arbeitet Marion Skiboski. Ebenfalls sind die Homosexuellen nicht vergessen worden: Für sie gibt es seit 1980 von einem Stefan den „Schwuchtelpeter oder lustige Geschichten und schrullige Bilder".

Vor über 15 Jahren wurde der Struwwelpeter wieder aktuell durch sich ankündigende gesellschaftlich-politische Veränderungen in der Bundesrepublik. Der zunehmende Konservatismus, wie er durch die Bundesregierungen der 60er Jahre repräsentiert wurde, führte 1969 zu Eckard und Rainer Hachfelds „Der Struwwelpeter, neu frisiert oder lästige Geschichten und dolle Bilder für Bürger bis 100 Jahre". Hier versuchte man dem Leser zu zeigen, daß Ruhe eben nicht mehr die erste Bürgerpflicht sei. Man belebte sozusagen die politische Funktion des Revoluzzers Struwwelpeter in Zeitfiguren wie Rainer Langhans – Mitglied der Kommune I in Berlin –, um zum Nachdenken und Hinterfragen der gegebenen Verhältnisse anzuregen.

Nachdem bereits 1947, von Waltraud Nicolas betextet und dem bekannten Grafiker Horst Lemke illustriert, das Buch „Und noch einmal Struwwelpeter – moralische Geschichten für Kinder von 18–80 Jahre" erschienen war (es wurden die sogenannten Kinderunarten erstmals auf falsche Erziehungshaltungen der Eltern zurückgeführt – „wenn die Eltern artig sind, ist es meist auch das Kind" –), brachte Friedrich Karl Waechter 1970 seinen „Anti-Struwwelpeter" heraus. Dieser war ein gewollter und daher sehr bewußter Versuch, mit Hilfe der Struwwelpeterfigur autoritäre Haltungen aufzubrechen und anti-autoritäre Erziehungsmuster populär zu machen. Dabei drehte Waechter im wahrsten Sinne des Wortes die Rollen um: Kinder lösten Konfliktsituationen zu ihren Gunsten und die Erwachsenen wurden als repressive Erzieher gebrandmarkt. Der psychologische Erfolg des Buches mag mit darin bestanden haben, daß Kinder ihre Schuldgefühle und Aggressionen auf die Erwachsenen ableiten konnten. Andererseits wurden die Kinder durch die mehr oder weniger direkten Aufrufe zum Kampf gegen Autoritätsfiguren und Eltern überfordert, weshalb das Buch auch häufig auf negative Kritik bis hin zu scharfer Ablehnung stieß. Interessant in diesem Zusammenhang dürfte sein, daß es bereits 1914 einen Anti-Struwwelpeter als „Der Struwwelpeter von heute. Ein Bilderbuch für die Großen" von Fried Stern gab. Es war schon damals als Kampfschrift gegen autoritäre Erziehungsmethoden gedacht und propagiert, auf den Idealen der Jugendbewegung fußend, den „natürlichen Menschen". Der Struwwelpeter, als Freund der Tiere von zwei Hunden umgeben, steht auf einem Sockel, der mit einer *zerbrochenen* Schere geschmückt ist. Er wird nicht mehr getrimmt und gestutzt; sein „Haar ist gelockt wie Löwenmähnen, und wenn es die Alten so getragen, warum dem Peter es versagen?" heißt es im Text.

Die Thematik zu mildern versuchten Petrina Stein und Claudia Lepointe 1972 mit ihrem Buch „Peter Struwwel". Diese, die Grafik Hoffmanns modernisierende Adaption fällt bisweilen hinter das Original zurück und ist deshalb weniger bekannt geworden. Im Kinderbuch-Verlag der DDR erschien 1970 (1984 bereits in der 14. Auflage!) von Hansgeorg Stengel und Karl Schrader „So ein Struwwelpeter", der an Heinrich Hoffmann anknüpfend kindliche Untugenden illustriert und lustig betextet darstellt; das geht bis hin zur Warnung vor zuviel Fernsehen, wobei die „Glotze" plötzlich lebendig wird und das fernsehkranke Kind so malträtiert, daß es beschließt, nie mehr fernzusehen. Die Absicht des Buches, die Kinder zu nützlichen, angepaßten Mitgliedern einer sozialistischen Gesellschaft zu erziehen, ist unverkennbar.

1985 ist als vorläufig letzte Ausgabe ein „Struwwelpeter polyglott" herausgekommen, welcher – dem multinationalen und die Völker- und Sprachgrenzen überschreitenden Trend folgend – den Text in deutscher, englischer, französischer, italienischer und lateinischer Sprache anbietet. Weitere Orientierungsmöglichkeiten zur Geschichte dieses Bestsellers ergeben sich aus dem 1977 erschienen Buch „Dr. Heinrich Hoffmanns Struwwelpeter – Untersuchungen zur Entstehungs- und Funktionsgeschichte eines bürgerlichen Bilderbuches" von Marie-Luise Könnecker und durch den Besuch des 1977 in Frankfurt am Main eröffneten „Struwwelpeter-Museum". Dort fand anläßlich der Eröffnung eine besondere Ausstellung statt, zu der Heike Kraft und Renate Schlicht das Bilderheft „Struwwelpeter garstig, macht die Kinder artig?" herausbrachten. In dem Zusammenhang sei darauf verwiesen, daß die Stadt zum Andenken an ihren so verdienten Bürger 1985, 140 Jahre nach Erscheinen des Struwwelpeter, vor der Frankfurter Hauptwache einen Brunnen mit den Figuren dieses Buches verzieren ließ (künstlerische Gestaltung Franziska Lenz-Gerharz).

Zusammenfassend kann man feststellen, daß Hoffmanns Struwwelpeter einen nachhaltigen Einfluß sowohl auf die Kinder- als auch auf die Erwachsenenliteratur ausgeübt hat, weil er in den Bereichen Pädagogik des Alltags, in der Gesellschaftskritik und in der Politik Meilensteine nachhaltiger Beeinflussung gesetzt hat.

Klaus Schüttler-Janikulla, geb. 1927, 1945–1948 Volksschullehrer in einer einklassigen Dorfschule in Mecklenburg, 1948 Lehrer an der Hauptschule in Westberlin, nebenberuflich Studium der Psychologie mit Abschluß 1956 als Diplompsychologe. Seit 1958 Leiter des schulpsychologischen Dienstes in Berlin-Kreuzberg. Im Rahmen der Entwicklung von Vorschuleinrichtungen tätig beim Senator für Schulwesen, auch als Leiter des Beirates für Eingangsstufe und für den Schulanfang.

Im Rahmen der Kindergartenreform 1970–75 Zusammenarbeit mit der Caritas, zahlreiche Vorträge vor Kindergärtnerinnen in der Bundesrepublik Deutschland.

Betreuung der Tagung im UNESCO-Institut für Pädagogik in Hamburg über Bildungsförderung im Vorschulalter.

Veröffentlichungen: Zahlreiche Veröffentlichungen über Kindergarten- und Vorschulerziehung, Schulanfang und diesbezügliche schulpsychologische Fragestellungen. Autor von Kinderbüchern, Spiel- und Beschäftigungsmaterial für den Kindergarten und Lernmaterialien für den Schulanfang.

Herausgabe des Tagungsberichtes im UNESCO-Institut für Pädagogik in Hamburg über Bildungsförderung im Vorschulalter.

Mitarbeit an der Dokumentation „Vorschulkongreß 1970".